ANLEITUNG
ZUM
ENTWURF
VON
STÄDTISCHEN
RÄUMEN

HAND BUCH DER STADT BAUKUNST

STUDIENAUSGABE

BAND 1 STADTRÄUME

DANK
DAS BAUWERK STADT – EINE ANLEITUNG ZUM ENTWURF
CHRISTOPH MÄCKLER
EMBELLISSEMENT – DIE VERSCHÖNERUNG DER STADT
WERNER OECHSLIN

BEISPIELE VON STADTRÄUMEN ALS
ANLEITUNG ZUM ENTWURF
ÖFFENTLICH UND PRIVAT IM STADTRAUM
REFORMBLOCK UND SIEDLUNGSBAU IM STADTRAUM
MITTELALTERLICHE DICHTE IM STADTRAUM
DIE OFFENE BAUWEISE IM STADTRAUM
NIEDRIGER ZEILENBAU UND STADTRAUM
DER HOF ALS SOZIALER BEGEGNUNGSORT IM STADTRAUM
HOFRAUM UND FUNKTIONALE VIELFALT IM STADTRAUM
DER STÄDTISCHE PARK UND DIE ALLEE IM STADTRAUM
DAS ÖFFENTLICHE BAUWERK ALS ZIELGEBÄUDE IM STADTRAUM
RAUMFOLGEN UND STRASSENSTERNE ALS ORDNUNGSSYSTEME
IM STADTRAUM

DIE STADT ALS ENSEMBLE THOMAS WILL
BEISPIELE VON STADTSTRUKTUREN ALS
ANLEITUNG ZUM ENTWURF
DINKELSBÜHL GREIFSWALD HEIDELBERG LANDSHUT
LÜBECK MÜNSTER NÖRDLINGEN REGENSBURG BAMBERG
DAS STADTQUARTIER ALS TEKTONISCHES ENSEMBLE
JÜRG SULZER UND ANNE PFEIL
DER GEMISCHTE STADTTEIL BIRGIT ROTH

STADTRÄUME IM VERGLEICH
BERLIN Bayerisches Viertel, Friedrichstadt, Prenzlauer Berg
BRAUNSCHWEIG Östliches Ringgebiet **BREMEN** Neustadt
DRESDEN Striesen **DÜSSELDORF** Carlstadt **ESSEN** Margarethen-
höhe **FRANKFURT AM MAIN** Nordend, Römerstadt **HALLE (SAALE)**
Paulusviertel **HAMBURG** Dulsberg **HANNOVER** Südstadt **KASSEL**
Vorderer Westen **KÖLN** Südstadt **LEIPZIG** Waldstraßenviertel
LUDWIGSHAFEN Ebertsiedlung **MAINZ** Neustadt **MÜNCHEN**
Gärtnerplatzviertel, Maxvorstadt **OLDENBURG** Dobbenviertel **POTSDAM**
Nördliche Innenstadt **STUTTGART** West **WEIMAR** Westvorstadt

BAND 2 HOFRÄUME

DER STÄDTISCHE BLOCK WOLFGANG SONNE
DIE STADT – FORMEN UND KONSTANTEN
ALEXANDER PELLNITZ

BEISPIELE VON HOFRÄUMEN ALS
ANLEITUNG ZUM ENTWURF
DER GEWERBEHOF
DER WOHNHOF
DER SCHULHOF
DER EINGANGSHOF
DER HYBRIDHOF

HOFRÄUME IM VERGLEICH
AUGSBURG Fuggerei **BERLIN** Beuthstraße, Friedrichswerder,
Fritschweg, Helenenhof, Horstweg, Jablonskistraße, Kochhannstraße,
Müllerstraße, Okerstraße, Oranienstraße, Riehmers Hofgarten, Schöning-
straße, Wohnstadt Carl Legien, Wühlischstraße **BOCHUM** Elsaßstraße,
Uhlandstraße **BREMEN** Donaustraße **DRESDEN** Königstraße, Striesen
FRANKFURT AM MAIN Bruchfeldstraße **HAMBURG** Falkenried,
Generalsviertel **KIEL** Grabastraße, Hollwisch **KÖLN** Kurfürstenstraße
LEIPZIG Mädlerpassage **LÜBECK** Engelsgrube **MÜNCHEN** Borstei,
Herzogstraße, Tizianstraße **NÜRNBERG** Weinmarkt **PASSAU** Kleine
Messergasse **POTSDAM** Holländisches Viertel **REGENSBURG** Wahlen-
straße **STUTTGART** Kolonie Ostheim, Mozartstraße **WEIMAR** Jahnstraße
WIESBADEN Adelheidstraße

BAND 3 PLATZRÄUME

DER PLATZ – EIN GRUNDELEMENT DER
EUROPÄISCHEN STADT JAN PIEPER

BEISPIELE VON PLATZRÄUMEN ALS
ANLEITUNG ZUM ENTWURF
RATHAUS-PLATZ, MARKT-PLATZ, MÜNSTER-PLATZ, OPERN-PLATZ
DAS ÖFFENTLICHE GEBÄUDE UND DER
IHM ZUGEORDNETE PLATZRAUM
DIE DOMINANZ ÖFFENTLICHER GEBÄUDE IM PLATZRAUM
DIE REPRÄSENTATION DES BÜROHAUSES IM PLATZRAUM
ANMUTUNG UND GRÖSSE STÄDTISCHER WOHNPLÄTZE
VERKEHRSKNOTEN UND PLATZRAUM
OFFENE BEBAUUNG UND PLATZRAUM

PLATZRÄUME IM VERGLEICH
AACHEN Domhof, Hühnermarkt, Katschhof, Marktplatz, Münster-
platz **ALSFELD** Marktplatz **ANSBACH** Martin-Luther-Platz **BERLIN**
Chamissoplatz, Helmholtzplatz, Leipziger Platz, Museumsinsel, Pariser
Platz, Strausberger Platz, Viktoria-Luise-Platz, Walter-Benjamin-Platz
BRAUNSCHWEIG St. Leonhards Garten **BREMEN** Marktplatz
CELLE Großer Plan **DRESDEN** Theaterplatz **FRANKFURT AM MAIN**
Friedrich-Ebert-Anlage, Opernplatz, Römerberg **FREIBURG** Münsterplatz,
Dietenbach **FREUDENSTADT** Markt **GÖRLITZ** Untermarkt **HAMBURG**
Alsterarkaden **HANNOVER** Lichtenbergplatz **HEIDELBERG** Marktplatz
KARLSRUHE Marktplatz **KASSEL** Königsplatz **KEMPTEN** Rathausplatz
LEIPZIG Marktplatz **LINDAU** Bismarckplatz **LÜBECK** Markt **LÜNEBURG**
Am Sande **LUDWIGSBURG** Marktplatz **MANNHEIM** Friedrichsplatz
MÜNCHEN Gärtnerplatz, Karolinenplatz, Königsplatz **PUTBUS**
Circus **REGENSBURG** Haidplatz **ROSENHEIM** Max-Josefs-Platz
SCHWÄBISCH GMÜND Marktplatz **STRALSUND** Alter Markt
TRIER Hauptmarkt **TÜBINGEN** Marktplatz **WANGEN** Marktplatz
WARENDORF Marktplatz **WEIMAR** Marktplatz **WISMAR** Markt
WUPPERTAL Johannes-Rau-Platz

DIE STÄDTISCHE ARKADE MIRJAM SCHMIDT
BEISPIELE VON ARKADENRÄUMEN ALS
ANLEITUNG ZUM ENTWURF

BAND 4 STRASSENRÄUME

DIE STÄDTISCHE STRASSE
VITTORIO MAGNAGO LAMPUGNANI

BEISPIELE VON STRASSENRÄUMEN ALS
ANLEITUNG ZUM ENTWURF
DIE ALLEE IM STRASSENRAUM
DAS ZIELGEBÄUDE IM STRASSENRAUM
DIE BIEGUNG IM STRASSENRAUM
DIE ARKADE IM STRASSENRAUM
ANMUTUNG UND BREITE STÄDTISCHER WOHNSTRASSEN

STRASSENRÄUME IM VERGLEICH
AUGSBURG Maximilianstraße **BAD AROLSEN** Bahnhofstraße **BAD
TÖLZ** Marktstraße **BERLIN** Bozener Straße, Friedrichstraße, Karl-Marx-
Allee, Unter den Linden **BREMEN** Schnoor **CHEMNITZ** Weststraße
DINKELSBÜHL Segringer Straße **DORTMUND** Althoffstraße **DRESDEN**
Königstraße **DÜSSELDORF** Königsallee **FRANKFURT AM MAIN**
An der Ringmauer, Braubachstraße, Günthersburgallee, Ruppertshainer
Straße **FREIBURG** Kaufhausgässle **HALLE (SAALE)** Große Ulrichstraße
HAMBURG Colonnaden, Palmaille **HEIDELBERG** Da-Vinci-Straße,
Große Mantelgasse **KARLSRUHE** Stephanienstraße **KÖLN** Ringe
LANDSHUT Altstadt **LEIPZIG** Funkenburgstraße **LINDAU** Maximilian-
straße **MÜNCHEN** Amalienstraße, Ludwigstraße **MÜNSTER** Prinzipal-
markt **POTSDAM** Mittelstraße **REGENSBURG** Ludwigstraße **SPEYER**
Maximilianstraße **STRALSUND** Fährstraße **WIESBADEN** Adolfsallee
WISMAR Krämerstraße

CHRISTOPH MÄCKLER MIT BIRGIT ROTH

ANLEITUNG
ZUM
ENTWURF
VON
STÄDTISCHEN
RÄUMEN

HANDBUCH DER STADT BAUKUNST

STUDIENAUSGABE

1 STADTRÄUME

CHRISTOPH MÄCKLER

DANK

Die Idee zu vorliegender Publikation basiert auf einer 20-jährigen Lehre am Lehrstuhl Städtebau der TU Dortmund, in der das Prinzip, den städtebaulichen Entwurf von den Studierenden statt auf anonymen Freiflächen auf innerstädtischen Grundstücken unterschiedlicher Städte bearbeiten zu lassen, zur Grundlage aller Arbeit am Lehrstuhl wurde. Große Unterstützung erhielt ich dabei von meinen wissenschaftlichen Mitarbeitern der ersten Jahre, Gerd Bickenbach †, Martin Cors, Dr. Aldo Licker und Tobias Nöfer. Ihnen und ihrem Engagement ist es zu verdanken, dass die Lehre des Städtebaus an der TU Dortmund aus dem Maßstab der Schwarzpläne heraus in architektonisch-städtebauliche Räume weiterentwickelt werden konnte. In sogenannten Werkheften niedergelegt, bildet diese Entwurfslehre zur Stadt damit eine der Grundlagen des vorliegenden Handbuchs.

Mit der Aufnahme von Georg Ebbing in den Kreis der wissenschaftlichen Mitarbeiter wurde das städtebauliche Thema der Straßenfassade in separaten Seminarentwürfen am Lehrstuhl vertieft. Hauseingänge und Straßenfenster aus unterschiedlichen Zeiten wurden vermessen, gezeichnet, analysiert, in großen Architekturmodellen bis ins kleinste Detail gebaut und ausgestellt. Die Entwicklung von Stadthäusern zwischen Dom und Römer in Frankfurt am Main wie auch eine vom Lehrstuhl herausgegebene und von den wissenschaftlichen Mitarbeitern Daniel Korthaus und Karen Seiler betreute Seminararbeit zur Analyse von Fassaden im Veneto widmeten sich zu dieser Zeit ganz dem Entwurf von Straßen- und Platzfassaden im öffentlichen Raum. Alle diese Arbeiten haben über viele Jahre das Denken in der Lehre um das architektonische Detail im städtischen Raum gefördert und sind damit in ihrem Erkenntniswert ein unübersehbarer Baustein für die vorliegende Publikation.

Als ein weiteres Element in der gedanklichen Vorbereitung für die Arbeit sollen auch die Dortmunder Architekturtage nicht unerwähnt bleiben. Unter dem Titel „Stadtbaukunst" waren über zehn Jahre unterschiedlichste Vorträge zu den architektonischen Elementen der Straßenfassade des städtischen Hauses zu hören. Stellvertretend für alle beteiligten Redner seien an dieser Stelle Jean-Christophe Ammann †, Arno Lederer und Fritz Neumeyer genannt, die diese Veranstaltung mit spannenden Beiträgen bereicherten und die Dortmunder Architekturtage zu einem Fundus in der Diskussion um die Gestalt von Architektur im öffentlichen Raum werden ließen. Möglich wurde die gedankliche Auseinandersetzung auf den Dortmunder Architekturtagen durch die umsichtige Organisation meiner damaligen wissenschaftlichen Mitarbeiterinnen und Mitarbeiter Gerke Braun, Saskia Göke und vor allem Frank Fietz.

Im Jahr 2010 wurde das Thema der Dortmunder Architekturtage um die Gestalt des städtischen Hauses in den öffentlich-politischen Diskurs der Düsseldorfer Konferenz zur Schönheit und Lebensfähigkeit der Stadt übertragen. Schon die Titel vieler dieser Konferenzen – „Stadt und Architektur", „Stadtleben statt Wohnen", „Die normale Stadt und ihre Häuser", „Wie wird aus Wohnhäusern Stadt?" oder „Die Architektur der Stadt" – verdeutlichen den auf diesen Veranstaltungen diskutierten Ansatz, die Planung des öffentlichen Raums der Stadt wieder auf die Grundlagen städtebaulich-räumlicher Gestalt zurückzuführen.

Barbara Ettinger-Brinckmann, Ulrich Hatzfeld, Hilmar von Lojewski, Elisabeth Merk, Reiner Nagel, Bernd Reiff, Jörn Walter und Peter Zlonicky standen mir mit Ratschlägen zur Seite und haben die Veranstaltung durch ihr persönliches Engagement nachhaltig gefördert. Zugleich bestärkten sie mich in zahlreichen Gesprächen in meinem Vorhaben, die vorliegende Publikation voranzutreiben. Dafür sei allen an dieser Stelle sehr herzlich gedankt. Moralische Unterstützung fand ich auch im Rat von Wolfgang Sonne, der, von der Idee des Handbuchs überzeugt, die Notwendigkeit der Fortsetzung der Arbeit in einer Zeit bekräftigte, in der die Fertigstellung durchaus nicht gesichert schien.

Die Entscheidung, städtische Räume zu analysieren, aufzuzeichnen und zu dokumentieren, fiel in das Jahr 2007 und damit in die Zeit der wissenschaftlichen Mitarbeit von Alexander Pellnitz am Lehrstuhl Städtebau. Er übernahm die Projektleitung, warb Gelder bei den sieben

Städten Dresden, Heidelberg, Karlsruhe, Lübeck, Ludwigsburg, Regensburg und Warendorf ein und formulierte einen Forschungsantrag, der am Bundesinstitut für Bau-, Stadt- und Raumforschung im Bundesamt für Bauwesen und Raumordnung (BBSR) eingereicht und im Jahr 2009 genehmigt wurde. Diese ursprüngliche Arbeit mündete in einen Abschlussbericht, der im November 2012 vorgelegt wurde und 63 Beispiele im Sinne einer historisch-städtebaulichen Beschreibung enthält.

Das nunmehr vorliegende Handbuch der Stadtbaukunst dokumentiert fast die doppelte Anzahl von Beispielen und nimmt in Überarbeitung der ersten Publikation den Versuch auf, städtische Räume zu analysieren, um sie als Anleitung zum städtebaulichen Entwurf neuer Stadtquartiere nutzen zu können. Die Auswahl ist dabei rein subjektiv und ließe sich ohne Zweifel durch viele weitere charakteristische Stadträume ergänzen. Alle Beispiele dienen als Anschauungsmaterial räumlicher Qualitäten im Städtebau und sind in ihren architektonisch funktionalen Bedingungen auf die gesellschaftlichen Bedürfnisse unserer Zeit zu übertragen. Sie werden in vier Bänden in den für die europäische Stadt charakteristischen Einzelelementen Stadträume, Hofräume, Platzräume und Straßenräume vorgelegt.

Jeder dieser vier Bände wird mit je einem Essay von Vittorio Magnago Lampugnani, Werner Oechslin, Jan Pieper und Wolfgang Sonne eingeleitet sowie mit weiteren Textbeiträgen von Alexander Pellnitz, Mirjam Schmidt, Jürg Sulzer und Anne Pfeil, Thomas Will sowie Birgit Roth ergänzt. Allen Autoren danke ich sehr für die Zurverfügungstellung ihrer Texte, deren Inhalte die zusammengestellten Beispiele des Handbuchs ergänzen und sie zu einem Gesamtbild aktueller städtebaulicher Fragen abrunden.

In den einführenden Kapiteln werden die städtischen Räume hinsichtlich ihrer spezifischen Charaktereigenschaften besprochen und in den sich anschließenden Beispielen vertiefend vorgestellt. Grundrisse und Schnitte sind, im gleichen Maßstab gezeichnet, in Vignetten nebeneinandergestellt und eröffnen die Möglichkeit des Vergleichs der unterschiedlichen Form und Größe der Stadträume. In vier Bände aufgeteilt, erleichtert das Handbuch dem Nutzer die „Handhabbarkeit".

Mit großem Engagement hat Birgit Roth als wissenschaftliche Mitarbeiterin meines Lehrstuhls Städtebau im Jahr 2010 die Projektleitung übernommen und die Fertigstellung der vorliegenden Publikation vorangetrieben. Mit ihren Beiträgen, Anregungen und kritischen Fragestellungen konnte das Handbuch in einer Entstehungszeit von mehr als zehn Jahren in der vorliegenden Form nunmehr fertiggestellt werden. Dafür möchte ich ihr an dieser Stelle sehr herzlich danken.

Die grundlegende Bearbeitung der vier Bände erfolgte durch die wissenschaftlichen Mitarbeiterinnen des Instituts, Gina von den Driesch und Jytte Zwilling sowie Marianne Kaiser, denen ich ebenfalls sehr herzlich danke. Ohne ihre Ausdauer und ihr übergroßes Engagement der vergangenen Monate und Jahre hätte die Publikation nicht zustande kommen können. Ihre Arbeit vollendete in vorbildlicher Weise den außergewöhnlichen Einsatz der Studierenden am Lehrstuhl Städtebau der TU Dortmund Dunja Abood, Nikola Atanasov, Mathias Eicher, Katharina Ern, Jan Feislachen, Florian Gast, Dennis Glettenberg, Stephanie Göb, Pia Gregorczyk, Andrej Harton, Christina Hassa, Emina Hebib, Christian Honstein, Annika Jobs, Ramona Kebekus, Monika Krawczyk, Theresa Lang, Martin Lange, Sebastian Linde, Ermina Mesanovic, David Overbeck, Christoph Reichel, Anja Schiller, Patrick Schreiber, Marius

Schreilechner, Jannic Schubert, Tim Theissen, Jan P. Vogels und Leschek Wieloch, die die Grundlagen der Zeichnungen des Handbuchs erarbeitet haben. Alle Pläne sind einzeln auf der Basis exakter Vermessungsdaten gezeichnet.

Ohne die kostenlose Zurverfügungstellung dieser Daten durch die im Impressum mit ihren ursprünglichen Stadtwappen aufgeführten Städte hätte das Handbuch nicht entstehen können. Ergänzt werden die Zeichnungen durch Fotografien und Luftfotos, die die Publikation anschaulich ergänzen. Die Luftaufnahmen wurden im Wesentlichen von der Nürnbergluftbild, Hajo Dietz, kostenlos zur Verfügung gestellt.

Allen Beteiligten, vor allem aber auch den namentlich aufgeführten Städten der ersten Stunde, die die Arbeit mit zum Teil großzügigen Geldbeträgen gefördert haben, danke ich an dieser Stelle sehr herzlich für ihre Unterstützung, das Handbuch der Stadtbaukunst zu realisieren.

Die konsequente Durcharbeitung der grafischen Gestalt dieser Publikation übernahm Antonia Henschel, deren handwerklichem Geschick das Handbuch seine grafische Schönheit verdankt. Danken möchte ich auch Gina von den Driesch, Malte Nettekoven und Birgit Roth, denen die Grundlagenarbeit an den Einzeltexten „Hofräume, Stadträume und Straßenräume im Vergleich" oblag, Ulrike Berendson für die konsequente Betreuung der Arbeit und den persönlichen Rat in den letzten Monaten vor der Veröffentlichung und Annette Kulenkampff für das Einbringen ihrer langjährigen Erfahrung in der Verlagsarbeit, die für die publizistische Form des Handbuchs von großer Hilfe war.

Für die mir entgegengebrachte Geduld und das Verständnis der von mir intensiv beanspruchten Zeit an den Wochenenden und den Ferientagen der vergangenen Jahre danke ich meiner Frau Claudia und meinen Kindern Max, Julia, Paula, Carl und Conrad.

BAND 1 STADTRÄUME
BAND 2 HOFRÄUME
BAND 3 PLATZRÄUME
BAND 4 STRASSENRÄUME

BAND 1 STADTRÄUME

DANK   **4**

DAS BAUWERK STADT – EINE ANLEITUNG ZUM ENTWURF CHRISTOPH MÄCKLER   **8**

EMBELLISSEMENT – DIE VERSCHÖNERUNG DER STADT WERNER OECHSLIN   **16**

BEISPIELE VON STADTRÄUMEN ALS ANLEITUNG ZUM ENTWURF   **22**
ÖFFENTLICH UND PRIVAT IM STADTRAUM BERLIN BIELEFELD EISENHÜTTENSTADT FRANKFURT/M.
REFORMBLOCK UND SIEDLUNGSBAU IM STADTRAUM BERLIN FRANKFURT/M. HAMBURG HANNOVER
MITTELALTERLICHE DICHTE IM STADTRAUM LANDSHUT LÜBECK MÜNSTER REGENSBURG
DIE OFFENE BAUWEISE IM STADTRAUM BRAUNSCHWEIG DRESDEN OLDENBURG WEIMAR
NIEDRIGER ZEILENBAU UND STADTRAUM BREMEN ESSEN FRANKFURT/M. POTSDAM
DER HOF ALS SOZIALER BEGEGNUNGSORT IM STADTRAUM BERLIN FRANKFURT/M. LEIPZIG
HOFRAUM UND FUNKTIONALE VIELFALT IM STADTRAUM BERLIN TRIER
DER STÄDTISCHE PARK UND DIE ALLEE IM STADTRAUM BRAUNSCHWEIG DÜSSELDORF HALLE KASSEL
DAS ÖFFENTLICHE BAUWERK ALS ZIELGEBÄUDE IM STADTRAUM MAINZ MÜNCHEN STUTTGART
RAUMFOLGEN ALS ORDNUNGSSYSTEM IM STADTRAUM BAD AROLSEN BERLIN KÖLN LUDWIGSHAFEN

DIE STADT ALS ENSEMBLE THOMAS WILL   **32**

BEISPIELE VON STADTSTRUKTUREN ALS ANLEITUNG ZUM ENTWURF   **37**

DINKELSBÜHL	Stadt am Wegekreuz	38
GREIFSWALD	Stadt im Straßenraster	40
HEIDELBERG	Stadt am Fluss	42
LANDSHUT	Stadt am Straßenplatz	44
LÜBECK	Stadt an der Straßenspange	46
MÜNSTER	Stadt der Haustypen	48
NÖRDLINGEN	Stadt der Tore	50
REGENSBURG	Stadt der Platzfolgen	52
BAMBERG	Stadt der Türme	54

DAS STADTQUARTIER ALS TEKTONISCHES ENSEMBLE JÜRG SULZER UND ANNE PFEIL   **56**

DER GEMISCHTE STADTTEIL BIRGIT ROTH   **68**

STADTRÄUME IM VERGLEICH   **76**

BERLIN Bayerisches Viertel	Hofräume auf vier Parzellen	80
BERLIN Friedrichstadt	Torplätze als Ordnungssystem	82
BERLIN Prenzlauer Berg	Der städtische Hofraum als Ordnungssystem	84
BRAUNSCHWEIG Östliches Ringgebiet	Stadtpark und Allee als Ordnungssystem	86
BREMEN Neustadt	Reihenhauszeilen als Ordnungssystem	88
DRESDEN Striesen	Offene Bauweise und Raster als Ordnungssystem	90
DÜSSELDORF Carlstadt	Geschlossene Bauweise und Raster als Ordnungssystem	92
ESSEN Margarethenhöhe	Mittelalterliche Bauweise als Ordnungssystem	94
FRANKFURT/M. Nordend	Straßenallee und Luftschneise	96
FRANKFURT/M. Römerstadt	Straßenraum im Siedlungsbau	98
HALLE (SAALE) Paulusviertel	Topografie als Ordnungssystem	100
HAMBURG Dulsberg	Straßenraum und Reformblock	102
HANNOVER Südstadt	Platzraum und Reformblock	104
KASSEL Vorderer Westen	Straßenraum und Landschaftsbezug	106
KÖLN Südstadt	Straßensterne als Ordnungssystem	108
LEIPZIG Waldstraßenviertel	Straßenkreuz mit Raumabschluss als Ordnungssystem	110
LUDWIGSHAFEN Ebertsiedlung	Straßenachse mit Zielgebäuden als Ordnungssystem	112
MAINZ Neustadt	Straßenallee mit Zielgebäuden als Ordnungssystem	114
MÜNCHEN Gärtnerplatzviertel	Straßenstern als Ordnungssystem	116
MÜNCHEN Maxvorstadt	Plätze und Achsen als Ordnungssystem	118
OLDENBURG Dobbenviertel	Offene Bauweise und Raumfolge als Ordnungssystem	120
POTSDAM Nördliche Innenstadt	Niedriger Zeilenbau mit Zielgebäuden als Ordnungssystem	122
STUTTGART West	Offene Bauweise mit Zielgebäuden als Ordnungssystem	124
WEIMAR Westvorstadt	Offene Bauweise mit geometrischer Verschränkung	126

ANHANG Autoren, Bildnachweis, Nachweis der Zeichnungsquellen   **128**

DAS BAUWERK STADT – EINE ANLEITUNG ZUM ENTWURF

Die europäische Stadt lebt von ihrer Schönheit und Dauerhaftigkeit, aber auch von ihrer Lebensfähigkeit, die mit den Kriterien der

- Nutzungsmischung,
- sozialen Vielfalt,
- Dichte und
- Trennung in öffentliche und private Räume

beschrieben werden kann. Ohne die letztgenannten Kriterien gibt es keine Schönheit, weil die Schönheit nicht nur durch die Räume der Stadt, sondern vor allem durch das Leben in diesen Räumen bestimmt wird. Wie an den Miet- und Kaufpreisen von Immobilien abzulesen ist, schätzt unsere Gesellschaft die alten, dichten und funktionsgemischten Städte nachweislich mehr als die von uns neu geplanten Quartiere. Daher erscheint es folgerichtig, die Grundlagen der Schönheit und Lebensfähigkeit aus der Analyse historischer Städte abzuleiten. Auch wenn sich die gesellschaftlichen Verhältnisse in allen Zeitepochen verändert haben, es sind die städtischen Räume und ihre grundlegenden Funktionen, die die europäische Stadt über Jahrhunderte bis zum heutigen Tage erhalten hat. Auf dieser Grundlage ist es also möglich, eine charaktervolle Stadtgestalt entsprechend den heutigen Bedürfnissen unserer Gesellschaft zu entwickeln.

Auch vor 150 Jahren hat eine intensive Beschäftigung mit dem Entwurf des städtischen Raums infolge der gewaltigen Veränderungen und Erweiterungen der europäischen Stadt stattgefunden. Auch damals entstanden Anleitungen zum Entwurf, die in Texten niedergelegt und publiziert wurden. Und auch diese Schriften von Architekten wie Albert E. Brinckmann, Theodor Fischer, Felix Genzmer, Cornelius Gurlitt, Fritz Schumacher, Camillo Sitte, Josef Stübben und Raymond Unwin,[1] um nur einige zu nennen, basierten auf dem Studium städtischer Räume, wie sie in den Jahrhunderten zuvor entstanden waren. Auch diese Autoren haben ihre Texte mit Beispielen aus dem Fundus der europäischen Stadt unterlegt. Im Folgenden sollen oben genannte Kriterien im Einzelnen erläutert werden.

DIE STRASSENFASSADE ALS ÖFFENTLICHES ANLIEGEN

Die erste Voraussetzung, Stadt zu planen, beruht auf dem Verständnis, sie als Bauwerk zu verstehen. Die Stadt ist ein Bauwerk, in dem es große Versammlungs- und Erholungsräume, Plätze und Parks gibt, die untereinander mit öffentlichen Straßen verbunden sind und den Bewohnern als öffentlich nutzbare Freiflächen zur Verfügung stehen. Diese öffentlichen Flächen werden durch die Fassaden der sie umgebenden Häuser eingefasst, die die Straßen und Plätze der Stadt rahmen und im deutschen Sprachgebrauch deshalb als Straßen- und Platzfassaden bezeichnet werden.

Wenn wir uns also vergegenwärtigen, dass es die Fassaden der Häuser sind, die den Straßen- und Platzraum bilden, so wird deutlich, dass ihrem Entwurf eine besondere Bedeutung für den öffentlichen Raum zukommt. Die architektonische Gestalt der Straßenfassade, ihre Höhe, ihre Proportion, ihre Befensterung, ihr Ornament und Detail, ihre Farbe und Materialität formen den Charakter und die Schönheit des Straßenraums in der Stadt. Das Gleiche gilt für die Platzfassade des Hauses. Die Fassaden werden damit zu einem öffentlichen Anliegen, das es in der Planung genauso zu beachten gilt, wie wir in unseren Bebauungsplänen beispielsweise die Nutzungsart der Häuser zu bestimmen wissen. Beide Kriterien, die Nutzungsart wie auch die Gestalt der Straßenfassade, bedingen sich, wenn der öffentliche Raum als schön empfunden werden soll.

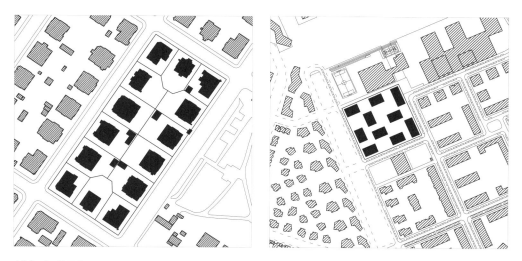

Abb. 1 **GEORDNETE UND UNGEORDNETE BEBAUUNG**
Ohne die Kenntnis architektonischer Bautypen kann die Festlegung
der Geschossflächenzahl im Bebauungsplan zu ungeordneten
städtischen Räumen führen.

KLEINTEILIGKEIT OHNE PARZELLIERUNG

Je mehr Fassaden eine Straße einfassen, desto vielfältiger und lebendiger ist ihr Aussehen. Eine kleinteilige Parzellierung fördert
zunächst also prinzipiell die Vielfalt. Umgekehrt benötigt Vielfalt
aber nicht unbedingt eine Parzellierung in unterschiedliches Eigen-
tum. Baut eine städtische Wohnungsbaugesellschaft mehrere Häuser an einer Straße, so weisen diese im Regelfall schon wegen der
Förderrichtlinien den gleichen Grundriss auf. Damit jedes Haus im
öffentlichen Straßenraum aber eine eigene Identität hat und seinen
Bewohnern zu einem Zuhause wird, muss es auch mit einer individuellen Straßenfassade ausgestattet werden. Nur so erlangen die
nebeneinandergestellten Straßenfassaden den Charakter von abwechslungsreichen Straßenräumen und verleihen einem jeden
Haus seine eigene Adresse und Identität.

DIE STADTSTRUKTUR ALS VORAUSSETZUNG
DER ZENTRUMSBILDUNG

Die europäische Stadt ist von unterschiedlichen Stadtstrukturen
geprägt. Für den Entwurf einer identitätsbildenden Stadtstruktur ist
es zunächst notwendig, im zu entwickelnden Neubaugebiet einen
zentralen Ort auszuweisen, der an das Straßensystem angeschlossen
beziehungsweise besonderer Teil des öffentlichen Erschließungs-
systems ist. Ein zentraler Ort lässt sich in unterschiedlichsten Formen entwerfen. Ausschlaggebend sind immer erst einmal die örtlichen Besonderheiten, mit denen das Neubaugebiet umzugehen hat.
Baumgruppen, ein Bach, ein Wegekreuz oder die Blickbeziehung zu
einem Bergrücken oder einem entfernt stehenden Turm usw. sind
die ersten Anhaltspunkte für den Entwurf einer Stadtstruktur. Der
zentrale Ort selbst besteht aus einem Platz, einer großzügig angelegten Allee, einer Straßenspange oder Ähnlichem und bedarf
einer stadträumlich ausgeprägten Form. Im besten Fall ist der zentrale Ort mit einem öffentlichen Gebäude versehen (siehe Seite 37ff.).

Wenn wir die dem öffentlichen Raum zugewandten Fassaden der
Häuser als raumbildendes Element der Stadt verstehen, so gilt als
weitere wesentliche Bedingung, den Stadtraum, das heißt den
Raum zwischen den Häusern, namentlich Straße und Platz, in sei-
ner geometrischen Form zu entwerfen. Dafür ist es notwendig, das
Verhältnis der Grundfläche dieses Raums zu den Höhen- und
Breitenabmessungen der ihn umgebenden Häuser zu bestimmen.

Stadt zu entwerfen bedeutet demnach auch, sich mit der Abmessung
der Straßen zu befassen, deren Breite ihrer Funktion als Verkehrs-
träger für den Fußgänger-, den Fahrrad-, den Individual- und den
öffentlichen Nahverkehr gerecht werden muss. Ihre Breite bestimmt aber auch den stadträumlichen Charakter der Straße, der im
städtebaulichen Entwurf als Boulevard, Allee, Straße oder Gasse
auszubilden ist.

Ist die Breite des Verkehrswegs dem Erschließungskonzept entsprechend festgelegt, bildet sie wiederum die Grundlage für die
Größe der sie einfassenden Häuser. An einer Gasse werden nor-
malerweise kleinere Gebäude stehen als an einem Boulevard.
Gebäude basieren prinzipiell auf grundverschiedenen Haustypen,
die das jeweilige Straßenbild schon durch ihre unterschiedlichen
Fassadenlängen charakterisieren. Um diese Längen bestimmen zu
können, muss der Planer sich auch mit der Architektur und den
Abmessungen der jeweiligen Haustypen der Stadt auseinander-
setzen. Nur so lässt sich die Grundstücksgröße in Länge und Tiefe
optimal bestimmen und einer ungeordneten übermäßigen Versiegelung der Parzelle entgegenwirken. Dies gilt für Haustypen mit
unterschiedlichsten Nutzungen, für Wohn- und Geschäftshäuser,
für Bürohäuser, Häuser für Handel und Produktion usw. Sie alle
benötigen im Bebauungsplan eine bestimmte Grundstücksgröße,
auf deren Maßen die Grundrisssysteme aufgebaut werden können.
Erfolgt dies nicht, entsteht eine Zersiedelung der Grundstücks-
flächen. (Abb. 1)

DER STÄDTISCHE HOFRAUM ALS VORAUSSETZUNG
DER TRENNUNG IN ÖFFENTLICH UND PRIVAT

Die europäische Stadt lebt von dem Prinzip der Trennung in öffentliche und private Aufenthaltsbereiche. Bei jedem Einfamilien- oder
Reihenhaus befindet sich die private Freifläche in der Regel auf der
der Straße abgewandten Seite des Hauses. Es gibt bei Wohnhäusern
üblicherweise ein Vorne und ein Hinten, eine Erschließung an der
öffentlichen Straße und einen Garten auf der Rückseite. Im heutigen Geschosswohnungsbau existiert diese Trennung nicht mehr,
was auf die Auflösung städtischer Blockstrukturen im 20. Jahrhundert zurückzuführen ist. Damit wurde im Planungsgeschehen
auch der Hofraum aufgegeben und der geschlossene „Mietergarten"
in anonyme „Grün- und Freiflächen" verwandelt. Der für das soziale
Miteinander so wichtige private Freiraum „Hof und Garten" des

Abb. 2 **DER STÄDTISCHE HOF**
Um die Anonymisierung in unseren Neubauvierteln aufzuheben, benötigen Stadtquartiere wieder Garten- und Hofräume, die ausschließlich den Mietern der Wohnhäuser zur Verfügung stehen.

Mietshauses als Äquivalent zum öffentlichen Raum, also zu „Straße und Platz", beides grundlegende Elemente im sozialen Zusammenleben einer demokratischen Gesellschaft, entfiel damit. Obwohl das Niederreißen der Hofmauern und die sich entwickelnde Idee der „Durchwegung" der Gärten und Höfe als demokratischer Akt verstanden wurde, hat die Gleichsetzung des privaten und des öffentlichen Raums zu einer erheblichen Anonymisierung geführt.

Um diese Anonymisierung aufzuheben, benötigt die Planung zukünftiger Stadtquartiere wieder Garten- und Hofräume, die ausschließlich den Bewohnern der Mietwohnungsbauten zur Verfügung stehen. (Abb. 2) Sie müssen konsequent vom Straßenraum getrennt werden, weil sie mit dieser „Privatheit" nicht nur als Ergänzung der Wohnfläche der Mietwohnung fungieren können, sondern weil diese Räume vor allem das Zusammentreffen einer Hausgemeinschaft ermöglichen, deren sozialen Zusammenhalt fördern und damit der Anonymisierung entgegenwirken.

MODERNE HAUSTYPEN ALS VORAUSSETZUNG
STÄDTISCHEN LEBENS

Nutzungsmischung Sind die städtischen Wohnhäuser der vergangenen Jahrzehnte mit den immer gleichen Fassaden versehen, lädt der öffentliche Raum selten zum Verweilen ein. Umgekehrt aber bleibt ein von schönen Fassaden umstellter Platz, dessen Häuser leer stehen, wie dies zeitweilig in dem einen oder anderen Ort zu sehen ist, ebenfalls ohne Anmutung. Die schöne Stadt verlangt also auch nach Leben und Lebendigkeit durch ihre Bewohner. Lebendigkeit wird sich im städtischen Raum aber nur dort einstellen, wo Wohnen und Arbeiten eine Einheit bilden, da Arbeitsräume in der Nacht und viele Wohnräume am Tag leer stehen. Es ist ein Irrtum zu glauben, dass man ausschließlich mit der Ausweisung von Läden eine tragfähige Nutzungsmischung erzielen kann, denn Läden erwirtschaften nur dann Erträge, wenn der Stadtteil auch tagsüber von Menschen frequentiert wird. Für einen zeitgemäßen Städtebau bedarf es deshalb moderner Haustypen, in denen eine Nutzungsmischung in Form vielfältiger und vor allem auch kleiner Einheiten von Büro- und Gewerbeflächen in der Kombination mit Wohneinheiten möglich ist, Haustypen, die an einen Gewerbehof angeschlossen werden können.

Soziale Vielfalt Der heutige Wohnungsbau zeichnet sich vorwiegend durch offene Bauweisen mit Solitärbauten aus, die von Grünflächen umgeben sind. Dieser Wohnungsbau kennt kein Vorne und kein Hinten. Die Einzelgebäude haben, selbst wenn sie in geschlossener Bauweise errichtet sind, nur sehr selten eine andere architektonische Form als die des in sich geschlossenen Rechtecks. Damit mangelt es diesen Gebäuden auf ihrer Rückseite an Nischen, in denen sich soziales Leben entwickeln kann. Zugleich fehlt dem rechteckigen Grundriss aber auch die Vielfalt unterschiedlicher Wohnungsgrößen. Es bedarf deshalb eines modernen Haustyps, der über einen an das Gebäude angeschlossenen Garten oder Hof verfügt und in der Vermietung die Möglichkeit bietet, unterschiedlichen Einkommensschichten Wohnraum auf einer einzigen Parzelle anzubieten.

Dichte Ein lebendiger Stadtteil lebt von der Nutzungsmischung, von sozialer Vielfalt, aber auch von seiner Einwohnerdichte. Da der heutige Mietwohnungsbau eine rechteckige Gebäudeform mit vier oder fünf Wohnungen pro Treppenhaus aufweist, ist er in der Mietfläche nicht erweiterbar. Die damit verbundene größere Tiefe der Grundrisse würde die Belichtungsmöglichkeiten erheblich einschränken. Um eine höhere Dichte erzielen zu können, bedarf es daher moderner Haustypen, die die Möglichkeit bieten, sich mit einer größeren Dichte in die Tiefe der Grundstücke zu entwickeln, weniger Grund und Boden zu versiegeln und dabei gleichzeitig die Ausdehnung der Straßenlängen einzugrenzen.

DIE BAUSTEINE DES BAUWERKS STADT

DAS FLÜGELHAUS
EIN HAUSTYP FÜR DICHTE, NUTZUNGSMISCHUNG
UND SOZIALE VIELFALT

Das städtische Wohn- und Geschäftshaus ist heute „ein mehrstöckiger Kasten, der mit seiner Vorderseite an den öffentlichen Straßenraum angrenzt (und) mit der Rückseite an einen privaten Garten oder Hof. Beide Seiten öffnen sich mit Fenstern zu den vor ihnen liegenden Freiflächen. Die beiden verbleibenden Seiten sind in der Regel geschlossene Brandwände, die sich zum Anbauen von Nachbarhäusern eignen."[2] Tatsächlich hat das städtische Miethaus heute keinerlei Anbauten, die in ihrer vielfältigen Ausprägung unterschiedliche, sich ergänzende Wohn- und Arbeitssituationen entwickeln könnten. In ihrer Sozial- und Nutzungsstruktur bietet die europäische Stadt üblicherweise eine Vielfalt an unterschiedlichen Qualitäten an. In Flügelhäusern und ihren hofbildenden Anbauten finden sich diese Qualitäten auf einer einzigen Parzelle. In den Neubaugebieten mit der Rechteckform ihrer Häuser dagegen fehlen diese (siehe Hofräume, S. 24ff.).

Prinzipiell führt die Rechteckform des heutigen Mietshauses aber auch zu weitgehend einheitlichen Größen der Wohnungen, die eine soziale Vielfalt nur eingeschränkt ermöglichen. Flügelhäuser verfügen dagegen auf ihrer Rückseite über Anbauten, die sich in die Tiefe des Grundstücks hinein entwickeln und in denen sich damit eine größere Anzahl von Wohnungen mit unterschiedlichen Größen an unterschiedlichen Treppenhäusern auf einer Parzelle errichten lässt. (Abb. 3) Die Erschließung erfolgt über Durchfahrten im Vorderhaus, die durch Tore zur Straße hin abgeschlossen sind, wodurch sie über einen eigenen Hauseingang im Hof verfügen können. Damit bietet das Flügelhaus die Möglichkeit, freifinanzierten und geförderten Wohnungsbau auf einer Parzelle anzubieten.

In seinem Handbuch „Der Städtebau" beschäftigt sich Josef Stübben[3] auf den ersten 20 Seiten mit städtischen Wohnhaustypen

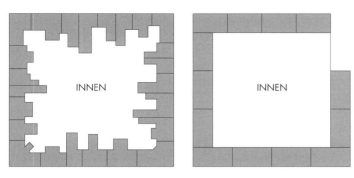

**Abb. 3 DER STÄDTISCHE BLOCK MIT KASTEN-
UND FLÜGELHÄUSERN** Mit seinen Anbauten auf der Rückseite
bietet das Flügelhaus die Nischen sozialen Zusammenlebens.

aus verschiedenen europäischen Städten. Die abgebildeten Grundrisse weisen im Gegensatz zum heutigen Geschosswohnungsbau kurze Straßenfassaden auf und erstrecken sich weitgehend ausschließlich in die Tiefe des Grundstücks. (Abb. 4) Sie stehen nicht, wie es heute üblich ist, mit ihrer Längsseite, sondern mit der weitaus kürzeren Hausseite an der Straße. Und während die kürzeren Hausfassaden das Bild des öffentlichen Straßenraums abwechslungsreich gestalten, bilden die Anbauten in ihrer Winkelform Hofräume, die den Bewohnern als Ergänzung ihrer gemieteten Wohnfläche zur Verfügung stehen.

Es bedarf deshalb moderner Haustypen, die sich in die Tiefe der Grundstücke entwickeln, um damit weniger Grund und Boden zu versiegeln, sowie gleichzeitig die Ausdehnung der Straßenlängen eingrenzen und in der Vermietung unterschiedlichen Einkommensschichten Wohnraum auf einer einzigen Parzelle anbieten können.

DER STÄDTISCHE HOF
EIN ORT DER BEGEGNUNG IM WOHNUNGSBAU

Im Hof des Flügelhauses werden alle Verkehrswege, mit denen man zu den verschiedenen Geschossen der unterschiedlichen Hausteile gelangt, zusammengeführt. Damit liegen auch alle Hauseingänge am Hof. Diese führen über die Treppenhäuser zu den unterschiedlich groß geschnittenen Wohnungen, die das Flügelhaus und

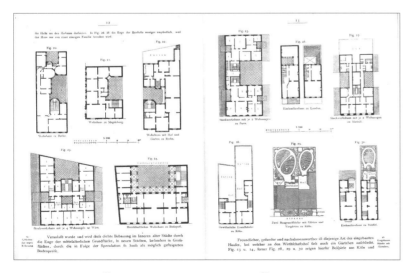

Abb. 4 DAS FLÜGELHAUS DER EUROPÄISCHEN STADT
Dieser Haustyp bietet auch im Mietwohnungsbau Höfe und Gärten
als Ergänzungsflächen der Wohnungen.

seine Anbauten zu bieten hat. Der Hof wird dadurch auch zum Ort der Begegnung und zum kleinsten Freiraum der Stadt, in dem den Bewohnern eines Mietshauses ein Zusammentreffen im überschaubaren Kreis einer Hausgemeinschaft ermöglicht wird. Jeder Hof hat seine eigene Anwohnerschaft, seine eigene Ordnung und Sozialstruktur, die eine Identifikation mit dem Zuhause zu entwickeln vermag. Der städtische Hof verfügt über keine privaten Gärten, sondern steht allen Mietern als Ergänzungsfläche der eigenen Wohnung zur Verfügung. Fahrradräume, aber auch der Hausanschlussraum und Technikräume etc. werden von ihm erschlossen. Der Hofraum sollte keine Unterkellerung haben. Ein offener Boden sowie eine Zisterne ermöglichen die Anpflanzung von Bäumen und Sträuchern und verleihen ihm eine wohnliche Anmutung. Als von der Öffentlichkeit abgeschlossener Wohnhof bietet er seinen Bewohnern darüber hinaus Schutz. Er unterliegt einer sozialen Kontrolle, die ihn für das Wohnen von Familien mit Kindern besonders attraktiv macht und zu einer wertvollen Alternative zum öffentlichen Spielplatz in der Stadt werden lässt. Von Büro- und Werketagen umgeben und zur Straße mit einem Hoftor versehen, wird er auch als Gewerbehof genutzt und bietet damit den idealen Raum für die funktionale Mischung der Stadt.

DAS STÄDTISCHE HAUS IM HOF

Zur städtischen Dichte gehört das städtische Haus im Hof. Unverantwortlich hohe Bebauungsdichten im ausgehenden 19. Jahrhundert haben es im Planungsgeschehen der Stadt in Verruf gebracht. Mit dem sogenannten Reformblock, der daraufhin um die Wende zum 20. Jahrhundert entstand, wurde das städtische Wohnen im Hof bis in unsere Tage aus dem Inneren geschlossen bebauter städtischer Blöcke verbannt (Hofräume). Nicht einmal das Flügelhaus mit seinen rückwärtigen Anbauten fand eine weitere Anwendung, sondern wurde durch eine rechteckige Bauform ersetzt. Dies führte dazu, dass der Innenraum des Blocks seiner Nutzung für das Wohnen beraubt und damit anonymisiert wurde. Schon im Siedlungsbau der 1920er Jahre entwickelte sich der Wohnhof, wenn er denn überhaupt noch als geschlossene Einheit gebaut wurde, zu einer ungenutzten Grünfläche, die lediglich über die Kellerräume der Vorderhäuser erreichbar war (Hofräume). Dieser Hof kannte auch keine Baumpflanzungen mehr, weil allen Wohnungen infolge der Erfahrung mit zu hohen Bebauungsdichten und den damit verbundenen dunklen Höfen der Gründerzeit eine maximale Besonnung gewährt werden sollte. Als Hinterhaus bekannt, ist das Haus im Hof aber einer der besonders wertvollen Bausteine, die die Stadt zu bieten hat. Wer einmal an einem städtischen Hof mit Bäumen gelebt und die Erfahrung des allmorgendlichen Vogelgezwitschers gemacht hat, der weiß um diese Wohnungen im Getriebe der Stadt und um ihre hohe Wohnqualität, die dem modernen Städtebau bis in unsere Zeit hinein abhandengekommen ist.

Das Haus im Hof wird meist direkt an das Flügelhaus angeschlossen, kann aber auch in offener Bauweise errichtet werden. Da es auf einer privaten Parzelle steht, wird das Haus im Hof über eine mit einem Tor verschlossene Durchfahrt an der Straße erschlossen. Ein Haus im Hof, das mit ausreichendem Gebäudeabstand geplant ist, bietet seinen Bewohnern eine attraktive Wohnsituation, die sich insbesondere dadurch auszeichnet, dass sie, vom umtriebigen Leben der Stadt getrennt, einen besonders ruhigen Wohnort darstellt und an diesem Leben auf kürzestem Wege teilnehmen kann. Auf dem Wohnungsmarkt hat dieser Wohnhaustyp darum einen hohen Stellenwert. Zugleich führt das Mehr an Wohnfläche auf einer städtischen Parzelle zu einem erheblich geringerem Erschließungsaufwand für die öffentliche Hand.

DAS BAUWERK STADT

DAS STÄDTISCHE HAUS AN DER STRASSE

Städtische Dichte, soziale Vielfalt, funktionale Nutzungsmischung, die Trennung in öffentliche und private Räume sowie die gute, dauerhafte Gestalt von Straßenfassaden stellen die fünf wichtigsten Voraussetzungen für die Schönheit und Lebensfähigkeit der Stadt dar. In und mit ihnen beginnt das Leben des Bauwerks Stadt. Aus ihnen heraus bildeten sich in Jahrhunderten Haustypen, wie das städtische Wohn- und Geschäftshaus mit Durchgang zu Hof, Hofhaus und Garten, das mit seinen unterschiedlichen Funktionen bis zum heutigen Tag als Abbild der Stadt den sozialen, wirtschaftlichen und kulturellen Belangen unserer Gesellschaft entspricht und den Baustein für die beliebteste Wohnform in der Stadt darstellt. In den verschiedenen Landstrichen Europas entwickelte sich dieses Wohn- und Geschäftshaus in unterschiedlichen Bautypen, denen trotz ihrer Unterschiedlichkeit eines gemein ist: Sie alle haben eine Straßenfassade, mit der sie in den öffentlichen Raum hineinwirken und am Leben der Stadt teilnehmen. Ihre Gestalt aber bildet den Straßenraum und macht ihn damit im besten Fall zum öffentlichen Wohnraum.

DIE STRASSENFASSADE

Als die Väter der Moderne nach dem Zusammenbruch des Kaiserreichs begannen, sich mit dem Wohnungsbau für eine sozial gerechtere Gesellschaft zu befassen, wechselten sie Dächer, Gauben, Erker, Fenstersprossen und Stuckaturen gegen den schlichten weißen Kubus als Baukörperform ein, um ihrer Idee Nachdruck zu verleihen, für eine neue, sozial gerechtere, demokratische Gesellschaft zu bauen. Der schlichte weiße Kubus, wie ihn der Siedlungsbau der 1920er Jahre hervorbrachte, war damit auch ein politisches Statement. Was seinerzeit als architektonisches Programm zur Überwindung der Monarchie verstanden wurde, ist heute, mehr als 100 Jahre nach dem Zusammenbruch des Kaiserreichs, erneuerungsbedürftig. Wir benötigen am Beginn des 21. Jahrhunderts keine weißen Kuben mehr, um unser Verständnis von Demokratie zu dokumentieren! Wir benötigen auch keine Glasarchitekturen! Wir leben seit über einem halben Jahrhundert in einem demokratischen Land und sollten deshalb über eine Erneuerung dieser architektonischen Haltung nachdenken.

Albert E. Brinckmann schreibt zu Beginn des 20. Jahrhunderts: „Jeder Bau hat seine Verpflichtung gegen seine Umgebung, gegen die gesamte Stadt […] es ist ein Irrtum, dass architektonische Qualitätsarbeit nun auch stets vorteilhaft an jedem Ort erscheinen würde. Das Entscheidende ist, ob sie [die Qualitätsarbeit der Fassade; Anm. d. Verf.] Straße und Platz in ihrer Wirkung steigert und für sich selbst die notwendigen Lebensenergien aus diesem Zusammenschluss finden kann."[4]

Dieses Zitat aus dem Jahr 1921 macht deutlich, dass die Gestalt von Häusern in der Stadt, die ohne jede Bindung an die Architektur des Ortes entwickelt wird, die Schönheit des öffentlichen Raums als Ganzes erschwert, wenn nicht gar verhindert, auch wenn es sich dabei um eine „architektonische Qualitätsarbeit" handelt. Brinckmann ging es damals um einen überbordenden Fassadenschmuck. Heute, am Beginn des 21. Jahrhunderts, geht es um das Gegenteil. Der Straßenfassade muss die räumliche Qualität, die Licht und Schatten zu entwickeln vermag, zurückgegeben werden, um den öffentlichen Raum der Straße für das Auge des Betrachters lebendig werden zu lassen. Es bedarf also einer Gliederung, die über die Fassadenlänge, die Fassadentiefe und die Geschosshöhe zu erzielen ist, um dem Straßenraum eine Aufenthaltsqualität zu verleihen.

Fassadenlänge Im Wohnungsbau reichen die durchschnittlichen Längen der Straßenfassaden von 10 bis zu 40 Meter oder mehr. Je schmaler die Grundrisse der Häuser sind, desto kürzer sind die Straßenfassaden und desto abwechslungsreicher stellt sich die Gestaltung des gesamten Straßenraums dar. Mit der Aufgabe des Flügelhauses am Beginn des 20. Jahrhunderts entwickelten sich die Häuser nicht mehr in die Tiefe des Grundstücks, sondern, um ähnlich wirtschaftliche Wohnflächen zu erzielen, entlang der Straße, was zu einer Verlängerung der Straßenfassade und damit zur Monotonie im Straßenraum führte. Um eine Verkürzung der Fassadenabwicklung der gesamten Straße durch mehrere nebeneinandergestellte Häuser erzielen zu können, ist es erst einmal nötig, das jeweilige Haus, auch wenn es den gleichen Grundriss hat wie das Nachbarhaus und vom gleichen Bauträger errichtet ist, mit einer eigenen Straßenfassade auszustatten. (Abb. 5) Ein erstes Beispiel hierfür stellt die Bebauung der Wohnungsbaugesellschaft GGH in der Da-Vinci-Straße in Heidelberg dar (Straßenräume). Darüber hinaus bedarf es einer Vertikalisierung der Fassadenflächen jedes einzelnen Hauses, mit der zu große Gebäudelängen entlang einer Bauflucht unterteilt werden können. Diese vertikale Unterteilung der Fassaden wird zunächst auf die verschiedenen Zugänge und Zufahrten eines Hauses ausgerichtet, um so die Eingangsbereiche hervorzuheben. Zugleich bedarf es moderner Flügelhaustypen, die sich statt in die Länge in die Tiefe des Grundstücks hinein entwickeln.

Fassadentiefe Um in einem Straßenraum Lebendigkeit entwickeln zu können, sind kleinteilige Vor- und Rücksprünge in den Oberflächen der Straßenfassaden erforderlich, ermöglicht durch den Einsatz von sogenannten Stuckaturen. (Abb. 6) Das nur wenige Millimeter herausspringende Fenstergewände, der Sturz, die deutlich hervortretende Fensterbank oder ein Gesims können Fassadenflächen unterteilen und proportionieren. Nicht einmal einen Zentimeter benötigt eine Vertiefung in der Putzfläche, um als scharfe Kante im Sonnenlicht wahrgenommen zu werden. Ein ganz wesentliches Element für die Einfassung einer Straße stellt das Dachgesims beziehungsweise die Traufe der Häuser dar. Mit dem Dachgesims erhält die Fassade einen oberen Abschluss, der in die Straße hineinragt und sie für das Auge zu einem Raum schließt.

Dass selbst großzügig verglaste Wohnhausfassaden dem Anspruch von Fassadentiefe entsprechen können, ist an den Häusern der Amsterdamer Grachten ablesbar. Die großen graudunklen Glasflächen werden auch bei Tageslicht durch die weiß gestrichenen Fensterteilungen gegliedert und verleihen der Fassade damit Gestalt und Proportion. Wie wichtig die Aufteilung grauer Glasflächen für die Proportion einer Fassade ist, zeigt sich an der Sanierung von Bauten des 19. Jahrhunderts, bei der die ursprüngliche Aufteilung der Fensteröffnungen durch zwei Fensterflügel oft durch „moderne" einflügelige Fenster ersetzt wird. An vielen Beispielen ist zu sehen, dass damit die vertikale Gliederung der Fassade empfindlich gestört wird. Im Siedlungsbau der 1920er Jahre waren die Horizontalsprossen der Fenster ein bewusst eingesetztes Entwurfselement, das den weißen Kubus zierte und seine liegende Proportion hervorhob. (Abb. 7) Mit dem Entfall der Sprossen im Rahmen einer Sanierung wird der architektonische Charakter dieser Häuser völlig entstellt.

Geschosshöhe Hohe Geschosse im Wohnungsbau fördern nicht nur die Belichtung der Wohnungen, sondern erleichtern auch die Proportionierung einer Straßenfassade. Dies gilt vor allem für das Erdgeschoss, das im städtischen Raum grundsätzlich als Hochparterre ausgeführt sein sollte, um die Einsehbarkeit der Wohnungen von der Straße aus zu verhindern. Es gilt aber auch für die

Abb. 5 DIE FASSADENLÄNGE Auch bei gleichem Grundriss: Jedes Haus benötigt seine individuelle Straßenfassade.

Abb. 6 DIE FASSADENTIEFE Die Lebendigkeit im öffentlichen Straßenraum lässt sich mit Vor- und Rücksprüngen in der Oberfläche der Straßenfassade entwickeln.

Geschosse darüber. Geschosshöhen im Wohnungsbau sollten prinzipiell zumindest so gewählt sein, dass die Höhe von vertikal ausgerichteten Fenstern nicht fast von der Hälfte eines Brüstungsgitters eingenommen wird. Der Wohnungsbau benötigt daher Geschosshöhen von rund 3,30 bis 3,50 Meter. Darüber hinaus sollten nebeneinander aufgereihte Häuser im Straßenraum prinzipiell unterschiedliche Geschosshöhen haben, um die Ablesbarkeit der einzelnen Hausfassaden an der Straße zu befördern. Um das Traufgesims eines Hauses um nur einen halben Meter gegenüber dem Nachbarhaus höher zu setzen, genügen bei einem fünfgeschossigen Gebäude schon 10 Zentimeter pro Geschoss! Mit diesem Anheben wird auch die Befensterung einer Fassade zum Nachbarhaus hin optisch unterschieden und die Eigenständigkeit der Fassaden im Straßenraum gestärkt.

Fassadenproportion In einem Bebauungsplan findet die Proportion einer Wohnhausfassade im öffentlichen Raum keinerlei Berücksichtigung. Trotzdem ist festzuhalten, dass das Verhältnis einer Grundstücksbreite zur Anzahl der Geschosse, das in einem Bebauungsplan festgelegt wird, die Proportion der Hausfassade im öffentlichen Raum zunächst bestimmt. Da sich unsere Gebäude aber, wie zuvor erwähnt, nicht in die Tiefe des Grundstücks entwickeln (oft ist im Bebauungsplan sogar eine rückwärtige Bebauungsgrenze festgelegt), sondern entlang der Straße in die Länge, erhält die Straßenfassade eines Wohngebäudes (beispielsweise Vierspänner) selbst bei einer siebengeschossigen Bebauung (Hochhausgrenze) prinzipiell eine liegende Proportion. Es gibt vier Möglichkeiten, dies zu beeinflussen:

Der Einsatz von **Flügelhausbauten** auf tiefen Parzellen, die Vergrößerung der **Geschosshöhen**, die Erweiterung der **Geschossanzahl** sowie der Einsatz von **Stuckaturen** in der Fassade.

Fassadenmaterialität Die Stadtgestalt wird ganz wesentlich von der Homogenität ihrer Materialien und Farben bestimmt. Für das Gesamtbild einer Straße ist vorrangig nicht die Einhaltung exakter Traufhöhen und guter Fassadenproportionen des Einzelhauses ausschlaggebend, sondern ihre Materialität und Farbe. Betrachtet man den Aachener Dom und seine Bauteile aus den verschiedenen Stilepochen, das romanische Oktogon, den steil aufragenden gotischen Chor, die Barockkapelle und den Turm des 19. Jahrhunderts, so wird deutlich, dass die so unterschiedlichen Architekturen durch

Abb. 7 DIE FENSTERSPROSSE Fensterteilungen und -sprossen gliedern und proportionieren Straßenfassaden.

die für das Auge einheitliche Natursteinfarbe zu einem baulichen Ensemble zusammenwachsen. (Abb. 8) Gleiches gilt für den städtischen Raum. Eines der großartigsten Beispiele wird in der Einheitlichkeit der beigefarbenen Putz- und Natursteinfassaden der Stadt Paris dokumentiert.

Fassadenreflexion Rahmenlose Glasfassaden bieten dem Auge keinen Halt, weil sich die übliche Lichtbrechung, die sich zum Beispiel auf der Oberfläche eines einfachen Kratzputzes oder an Fassadengesimsen, Fensterlaibungen und Fenstersprossen abzeichnet, auf dem poliert glänzenden Material nicht einstellt. Aus dem Straßenraum gesehen sind Glasfassaden auch nicht etwa transparent, sondern erscheinen grau und wirken daher abweisend. Sie reflektieren aber vor allem kein Licht, was die wahrnehmbare Helligkeit und damit die Anmutung eines Straßenraums deutlich beeinflusst.

Abb. 8 DIE EINHEITLICHKEIT DES MATERIALS
Trotz unterschiedlichster Architekturen lässt die Einheitlichkeit von
Material und Farbe städtebauliche Ensembles entstehen.

DIE STÄDTISCHE STRASSE

Ohne den Entwurf der städtischen Straße an dieser Stelle umfassend
beschreiben zu können, sollen folgende Grundsätze benannt werden: Jede Stadtstraße wird durch die vertikalen Fassadenflächen
der Häuser und eine horizontale Straßenfläche zu einem dreidimensionalen Straßenraum. Um eine übergeordnete Gestaltung
zu ermöglichen, hat sich nicht nur jedes Haus an der Straße dem
Gesamtbild einzuordnen, sondern auch die Verkehrsfläche. Auch
sie bedarf einer Gestaltung, wenn der Straßenraum für das Auge
insgesamt als einheitlich gestaltetes öffentliches Bauwerk empfunden werden soll.

Überzieht man eine Verkehrsfläche zum Beispiel mit Fahrspur-
markierungen, kontrastreich mit weißer oder roter Signalfarbe,
wird jede Stadtstraße zur Verkehrsstrasse und verliert damit ihren
stadträumlich wohnlichen Charakter. (Abb. 9) Dass dies trotz funktionaler Belange nicht so sein muss, lässt sich in allen anderen
europäischen Städten mit einem größeren Verkehrsaufkommen
beobachten, in denen der Individualverkehr mit sehr viel weniger

Abb. 9 DIE FAHRSPURMARKIERUNG Überzogene Fahrspur-
markierungen zerstören den wohnlichen Charakter einer Straße.

Fahrbahnmarkierungen geregelt ist. Der Einsatz verkehrsordnender
Elemente hat also auch eine ästhetische Dimension. **Fahrradwege**
Im Individualverkehr kommt dem Fahrrad heute eine neue
Bedeutung zu. Im innerstädtischen Bereich muss es durch die
technische Errungenschaft des E-Bike als gleichberechtigtes
„Automobil" verstanden werden. Fahrradwege sollten deshalb
ähnlich dem Fußweg eigene Fahrbahnen erhalten, die auf einem
erhöhten Straßenniveau angelegt sind, statt als untergeordnete
Farbstreifen auf der Straßenebene aufgemalt zu werden (Abb. 9).
Wie dieses Beispiel zeigt, bedarf der Entwurf eines Straßenraums
einer gewissen Grundordnung aller eingesetzten Elemente zur
Regelung und Ordnung des Individualverkehrs. **Straßenfluchten**
So müssen beispielsweise die Bordsteinkanten parallel zu den
Fluchten der Straßenfassaden verlaufen, wenn die Straße zu einer
wahrnehmbaren stadträumlichen Einheit werden soll. Der Geh-
und Radwegbereich sollte immer die gleiche Breite aufweisen,
damit eine Parallelführung zur Hausfassade gegeben ist. An
Straßeneinführungen ist diese Parallelführung zu den Fluchten der
Eckhausfassaden besonders wichtig, weil sie für das Auge leicht
zu erfassen und die Straßenecke für die raumbildende Ordnung im
Städtebau von großer Bedeutung ist. Wie beim Hausbau stellt die
Grundordnung im Straßenbau auch eine wesentliche Erleichterung
bei der Ausführung dieses Bauwerks dar. Es werden damit kosten-
trächtige Aufwendungen vermieden, die eine ungeordnete Planung
hervorrufen würde. Leitungsführungen unterliegen dieser Ordnung ebenso wie Baum- und Laternenstandorte. **Straßenbiegungen**
Straßenlängen können durch Biegungen optisch erheblich verkürzt
werden. So können Sammelstraßen, die ein neues Stadtgebiet auf
der ganzen Länge durchziehen, auf angenehme Raumlängen reduziert werden. **Straßenverengungen** Auch das Hineinschieben von
Bauwerken in den Straßenraum führt zur optischen Verkürzung
einer Straßenflucht (Straßenräume). Derartige Verengungen sollten an
besonderen Stellen eines Straßenraums, beispielsweise am Übergang zu einem Platzraum oder an der Einführung einer besonderen
Straße, vorgenommen werden. Um den Fußgänger- und Radver-
kehr nicht zu behindern, lässt man unter diesen Bauwerken eine
Arkade hindurchlaufen. **Zielgebäude** Die Länge von Straßen lässt
sich auch dadurch verkürzen, dass diese auf Bauwerke zulaufen,
denen damit eine besondere Bedeutung im öffentlichen Raum zukommt. In der Planung neuer Stadtquartiere sind dies öffentliche
Gebäude, wie Schulen, Kindergärten, U-Bahn-Stationen etc. Auch
geordnet gepflanzte Baumgruppen können als Zielort das Ende
einer Straße darstellen. **Laternenstandorte** Bei der Planung von
Laternenstandorten ist es wichtig, dass nicht nur der technische
Ausleuchtungsgrad der Straße Berücksichtigung findet. Vielmehr
muss zunächst das Ordnungsbild der Laternen in der Straße eine
der Grundvoraussetzungen für die Planung der Standorte darstellen. **Baumstandorte** Das Gleiche gilt für die Baumstandorte.
In eine geordnete Reihe gesetzt, tragen Bäume wesentlich zur
Schönheit des Straßenraums bei. Dabei müssen die Größe der
Baumkronen und ihre Wuchsform bei der Pflanzung in der Planung des Straßenbilds Berücksichtigung finden. Kleine Baumkronen sollten schon aus ökologischen Gründen vermieden werden,
da sie weder große Sauerstoffproduzenten sind, noch als Schatten-
spender im städtischen Raum infrage kommen. Versetzte Pflan-
zungen, wie sie oft für die Verkehrsberuhigung geplant werden,
geben der Straße kein geordnetes Bild und sollten deshalb prinzipiell vermieden werden. **Straßenlärm** Auf Straßen mit großer
Lärmbelastung kann mit besonderen Organisationsformen im
architektonischen Entwurf eines Wohnungsgrundrisses reagiert
werden. Ein über beide Hausseiten belichteter Wohn- und Essraum
ermöglicht die Belüftung auf der ruhigen straßenabgewandten
Seite des Wohngebäudes und vermeidet damit den Einsatz von
Lärmschutzwänden. Das Kastenfenster, wie es im Wohnungsbau

des frühen 20. Jahrhunderts noch oft als Standardelement verwandt wurde, ist mit seinen zwei hintereinander gesetzten Fensterflügeln nicht nur eine der einfachsten sowie akustisch und wärmetechnisch effektivsten Konstruktionen, sondern auch eine der elegantesten und schönsten Fensterformen im Bild der Straße, weil die Einfachverglasung der äußeren Fensterflügel eine sehr schmale Rahmung ermöglicht. **Straßenquerschnitt** In der Planung muss der Straßenquerschnitt so gewählt sein, dass allen Verkehrsteilnehmern, also Fußgängern, Fahrradfahrern und dem Automobil, die gleiche Wertschätzung entgegengebracht wird. Eine Funktionstrennung, wie etwa die vor allem in den 1970er Jahren angelegten „Fußgängerzonen", sollte nur eingeschränkt Anwendung finden. In Straßen mit einem hohen Fußgängeraufkommen sind breit angelegte Gehsteige völlig ausreichend und erhalten das Prinzip der Funktionsmischung im Straßenverkehr. Josef Stübben hat in seinem 1890 erschienenen Buch „Der Städtebau"[5] dokumentiert, dass der Gehsteig nur selten das Mindestmaß von drei Metern unterschreitet.

Die städtische Straße hat am Beginn des 21. Jahrhunderts als öffentlicher Raum und Aufenthaltsort eine neue Aufmerksamkeit erfahren. Mit der Reduzierung des Feinstaubs und der Abgase, vor allem aber mit der Reduzierung des Verkehrslärms durch das Elektro-Automobil wird sich die Attraktivität der Stadt als Wohnort in den kommenden Jahrzehnten weiter erheblich steigern. Geräusche des täglichen Lebens, der menschliche Schritt, die Rede, der Ruf, das Lachen, das Zwitschern, Flattern und Bellen, wie wir sie nur noch aus der Stille der Nachtstunden kennen, werden sich dann nicht mehr dem Geräuschpegel des Otto-Motors unterzuordnen haben.

DER STÄDTISCHE PARK

Der städtische Park ist das Lebenselixier der Stadt. Die Idee der „Stadtlandschaft" der 1950er Jahre führte zu einer durchgrünten, identitätslosen Verstädterung, die die Unterscheidung von Stadt- und Landschaftsräumen und damit die Planung von städtisch erlebbaren Parkräumen in neuen Stadtquartieren bis in unsere Tage hinein aufgehoben hat. In der funktionsgemischten, dichten Stadt ist der Park Natur- und Erholungsraum zugleich und bedarf einer eingehenden Planung. Dabei muss der stadträumlich klaren Fassung durch eine hohe geschlossene Randbebauung mit Wohnhäusern besondere Aufmerksamkeit geschenkt werden. Neben dem Entwurf des Stadtparks selbst ist der Übergang zwischen Park und Stadt von größter Bedeutung, um den städtebaulichen Charakter dieses Landschaftsraums zu stärken (Straßenräume, Platzräume). **Randbebauung** Die Randbebauung sollte daher als räumlich ablesbare Einfassung aus Wohngebäuden entworfen und als Ensemble mit ähnlichen Haustypen entwickelt werden. Dies gilt vor allem für Material und Farbe, mit denen die „Parkfassaden" über eine Gestaltungssatzung projektiert werden können. **Parkstraße** Um eine öffentliche Zugänglichkeit zu gewährleisten, muss zwischen der Wohnbebauung und dem Landschaftsraum ein öffentlicher Straßenraum angeordnet werden. Er bildet den Übergang zwischen der städtisch geordneten steinernen Parkkante und dem naturnahen Landschaftsraum und sollte deshalb einen repräsentativen Charakter haben. Dazu ist es sinnvoll, die Straße mit geordneten Baumpflanzungen, wie sie im städtischen Straßenraum üblich sind, zu versehen. Als Baum-Dach am Rande des Parks bilden sie den Abschluss und Übergang zum Landschaftspark. Stellplätze für den Individualverkehr sollten auf der Parkseite vermieden werden, um den Erholungsraum von Störungen freizuhalten. **Topografie** Prinzipiell stärkt eine topografische Ausbildung des städtischen Parks dessen landschaftlichen Charakter. Wird die Parkstraße gegenüber dem Landschaftsraum höher oder tiefer

gelegt, erhöht sich das Raumempfinden innerhalb des Erholungsraums (Straßenräume, Platzräume). Bei einer Tieferlegung wird diese Empfindung auch akustisch wahrgenommen, da sich der Schall des Straßenlärms prinzipiell nach oben ausbreitet und der Park als Ruhezone davon weitgehend unberührt bleibt. **Gehsteige** Sind die Gehsteige auf der städtischen Seite gepflastert und auf der Parkseite mit einem Kiesbelag versehen, wird der Charakter des Übergangs vom Stadt- zum Landschaftsraum verstärkt. Zwischen bekiestem Gehweg und Parkfläche sollte eine niedrige Einfriedung durch eine bodennahe Mauer vorgesehen werden, um die Randbepflanzungen zu schützen. Parkbänke mit Blick in den Park begleiten den bekiesten Gehweg. **Parkeingänge** Wie beschrieben benötigt der Stadtpark eine Einfassung, die ihn als erlebbaren Landschaftsraum einsehbar werden lässt. Zugleich sind in den Laufrichtungen der umgebenden Straßen großzügige Parkeingänge notwendig, die eine besondere Gestaltung durch Toranlagen oder in Reihe gesetzte Bäume erfordern. Damit werden die Übergänge vom städtischen Raum in den Landschaftsraum hervorgehoben und der Parkraum wird als ein eigenständiges Element der Stadt dokumentiert.

Parkraum, Hofraum, Straßen- und Platzraum bilden die Elemente des Bauwerks Stadt und sind damit Grundlage und Anleitung zum städtebaulichen Entwurf der Stadt.

ANMERKUNGEN
[1] Albert E. Brinckmann, Deutsche Stadtbaukunst in der Vergangenheit, Frankfurter Verlagsanstalt: Frankfurt am Main, 2. Auflage, 1921; Theodor Fischer, 6 Vorträge über Stadtbaukunst, Verlag R. Oldenbourg: München und Berlin, 1920; Joseph Brix und Felix Genzmer, Städtebauliche Vorträge Band 1–6, Verlag Wilhelm Ernst und Sohn: Berlin, 1908–1913; Cornelius Gurlitt, Handbuch des Städtebaues, Der Zirkel, Architekturverlag: Berlin, 1920; Fritz Schumacher, Vom Städtebau zur Landesplanung. Fragen Städtebaulicher Gestaltung. Archiv für Städtebau und Landesplanung, Hg. Deutsche Akademie für Städtebau und Landesplanung DASL, Verlag Ernst Wasmuth: Tübingen, 1951; Camillo Sitte, Der Städte-Bau nach seinen künstlerischen Grundsätzen, Verlag von Carl Graeser & Co.: Wien, 3. Auflage, 1901; Josef Stübben, Der Städtebau. Handbuch der Architektur, Arnold Bergsträsser: Darmstadt, 1890; Raymond Unwin, Grundlagen des Städtebaues, Otto Baumgärtel: Berlin, 1910.
[2] Andreas Feldtkeller, Die zweckentfremdete Stadt, Campus Verlag: Frankfurt am Main, 1994, S. 82.
[3] Josef Stübben, Der Städtebau. Handbuch der Architektur, Arnold Bergsträsser,: Darmstadt, 1890, S. 5ff.
[4] Albert E. Brinckmann, Deutsche Stadtbaukunst in der Vergangenheit, Frankfurter Verlagsanstalt: Frankfurt am Main, 2. Aufl., 1921, S. 14ff.
[5] Josef Stübben, Der Städtebau. Handbuch der Architektur, Arnold Bergsträsser: Darmstadt, 1890, S. 77ff.

EMBELLISSEMENT – DIE VERSCHÖNERUNG DER STADT

„Le goût des embellissements est devenu général, il est à souhaiter pour le progrès des arts, que ce goût persévère & se prefectionne. Mais ce goût ne doit point se borner aux maisons des particuliers, il doit s'étendre aux Villes entières."

[Marc Antoine Laugier]
Essai sur l'Architecture,
Paris: Duchesne, 1753,
S. 242.

„… un certain système de disposition des parties d'un tout, et de leur rapport entre elles et avec le tout, qui montre qu'une intention intelligente y préside. […] C'est par l'ordre que se manifeste ce principe d'intelligence."

Quatremère de Quincy,
Ordre, in: Ders.,
Dictionnaire Historique d'Architecture,
Tome Second,
Paris: Adrien Le Clere, 1832,
S. 173 – 178: S. 173.

Als die CIAM unter dem Stichwort *the Core* die Stadt wiederentdeckten und dabei gleich ins Zentrum (*the heart of City*) zielten, war es vorerst die Leere oder eben die Absenz der nur als *limiting its outlines* hinzutretenden Architektur, die auffiel und J. L. Sert zu der Aussage verleitete: „The urbs or polis starts being an empty space."[1] Diese Vorstellung eines leeren und begrenzten Raums war für ihn derart auffällig und überraschend, dass er sich zu der Bemerkung hinreißen ließ, diese Auffassung sei weitaus neuer als der Einstein'sche Raumbegriff („much more new than the space of Einstein").[2] Das zeigt wohl nur, wie geschichtsvergessen man damals war. Schließlich gab es ja trotz der Kriegszerstörungen Stadtraum in mannigfaltigster Ausprägung auf der ganzen Welt; und es gab nicht nur *empty space* – und auch nicht nur dessen irgendwie gebildete *outlines* –, von dem Sert bei seinem Rückblick ausging, sondern durchaus konkrete, präzise architektonische Formen, wodurch städtischer Raum konstituiert und gebaut worden war. Immerhin hat Sert aus dem vorerst leeren Raum geschlossen, dass, im Unterschied zum Haus, das Menschen Schutz bietet, die Stadt dazu da sei, „to discuss public affairs". Stadtraum! „Purely human, a civil space!"[3] Diese Charakterisierung und Zuordnung hatte sich erhalten; die Öffentlichkeit im Gegensatz zur Privatheit und beide zusammen als wesentliche, wirksame und bereichernde Polarität bei der Zielsetzung des Bauens „zum Gebrauche der Welt" (Kant) wurden so – seit Vitruv und Alberti der Architektur grundgelegt – endlich wieder erinnert und als architektonisches Potenzial erkannt.

Doch es schien, als ob man alle konkreten, zugehörigen architektonischen Formen und Ausstattungen vergessen hätte. Man flüchtete stattdessen unter dem Motto *the Core* in die Bilder des Markusplatzes von Venedig und des Lunaparks; die Sehnsucht nach einem Rummelplatz schien stärker als die nach einer gebauten Stadt.[4] Man fand allerlei Surrogate wie die modellgebende Plaza amerikanischen Zuschnitts, zu der wiederum wesentlich eine raumfüllende Skulptur von Calder oder Luginbühl gehörte. Giedion wünschte sich einen Platz, wo Menschen unter freiem Himmel gehen könnten, „undistracted by warning signs of ‚STOP' and ‚WALK NOW'"[5]. Doch schon diesbezüglich standen sich Wunsch und Wirklichkeit im Kontrast gegenüber. Es war und blieb längst anerkannte Praxis, dass Straßen und Plätze in erster Linie der modernen Aufgabe der Verkehrslenkung und -bewältigung dienen sollten. Und der Horror vacui trug dazu bei, dass da, wo offener Raum hätte sein können, in erster Linie Regelung samt Zubehör wie betonierte Blumentöpfe das Vorrecht hatte. Das las sich vielerorts als der Tradition der Stadtverschönerung der Städte und deren Möblierung zugehörig und hinterließ ein mit diesem Begriff verbundenes negatives Vorurteil. Unter dem Strich blieb so – abgesehen von Fußgängerzone und Shoppingmeile – nur wenig von jener neuerlichen Stadt-Sehnsucht der CIAM nach der idealisierten griechischen Polis und der gelebten Öffentlichkeit.

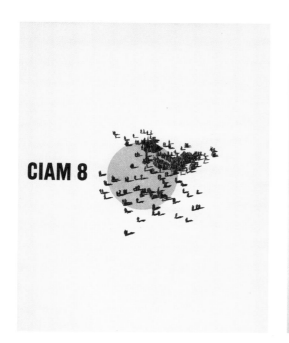
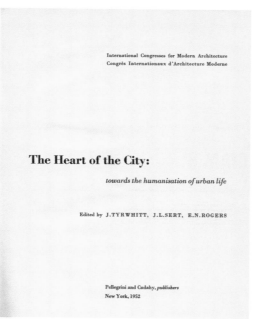

Abb. 1 und 2 **J. TYRWHITT, J. L. SERT, E. N. ROGERS** (Hg.),
The Heart of the City, New York 1952, mit dem Beitrag:
J. L. Sert, Centres of Community Life, 1952

Abb. 3 **MARKUSPLATZ**
Frontispiz zum Beitrag:
J. L. Sert, Centres of Community Life, 1952

Vor 1914 war die Situation grundsätzlich anders, weil der Weiterbau der Stadt, ihre Vergrößerung zur Großstadt, im Vordergrund stand. Man orientierte sich mehr oder minder an den gegebenen Strukturen und arbeitete an deren Korrektur und (ganz wörtlich) Begradigung. Die von Werner Hegemann geleitete Ausstellung in Berlin und die entsprechende Publikation *Der Städtebau nach den Ergebnissen der Allgemeinen Städtebau-Ausstellung in Berlin* (1911/13) gab den Anlass zu einer vertieften Diskussion auch der architektonischen Grundlagen oder, wie es hieß, der „künstlerischen Fragen". „Der Kampf der Ordnung gegen das Chaos", das „Ringen zwischen edler, aber ermattender, weil in den neuen Verhältnissen entwurzelter Gestaltungskraft" standen im Mittelpunkt.[6] Und damit war ein Thema aufgegriffen, das in der Mitte des 18. Jahrhunderts in Paris Leitmotiv der unter dem Begriff des *embellissement* geführten Diskussion gewesen war. Von kunstgeschichtlicher Seite hatte sich Albert Erich Brinckmann schon 1908 mit der Darstellung *Platz und Monument* und 1911 mit *Deutsche Stadtbaukunst in der Vergangenheit* mit diesem – „neuen" – Gegenstand befasst.[7] Später ließ er im Rahmen des groß angelegten, von Fritz Burger herausgegebenen, dann von Brinckmann fortgesetzten *Handbuchs der Kunstwissenschaft* den Band *Stadtbaukunst. Geschichtliche Querschnitte und neuzeitliche Ziele* (1920) folgen. Darin kritisierte er die Kunstgeschichte aufgrund der Vernachlässigung des Themas „Stadt", zumal es ja ganz besonders auch um die „Formgeschichte der Städte" und nicht nur um deren soziale und ökonomische Bedingungen ginge.[8] Der Zusammenhang mit der französischen *embellissement*-Diskussion im 18. Jahrhundert war wiederhergestellt. Und die allgemeine Zielsetzung der neu gegründeten Disziplin Städtebau sollte sich nunmehr präzise und vorrangig auf die konkrete Aufgabe der Formgebung ausrichten und sich diesbezüglich einer gewissen Disziplinierung unterziehen. Genau dies war kurz zuvor, 1904, in der programmatischen Einführung der Zeitschrift *Der Städtebau* von Theodor Goecke und Camillo Sitte zugunsten eines „freien natürlichen Städtebaus" und im Interesse der „Individualisierung" von Straßennetz und Baublock abgelehnt worden.[9] Dagegen sollte es nun gemäß Brinckmann um die „in vielfacher Mannigfaltigkeit" erscheinenden „räumlichen und plastischen Gesetzmäßigkeiten" sowie zudem um

die „Stadt als architektonische Gesamtkompositon" gehen.[10] Und mit Blick auf die Moderne schien das „Ringen um das Problem der Einheit in der Vielfältigkeit" besonders die Aufmerksamkeit zu wecken. Dementsprechend lautete die – insofern allseits geteilte – Kritik am 19. Jahrhundert „Erstarrung im Schematismus". Brinckmann fuhr aber fort, dass im Kontrast dazu nun die „Hausarchitektur" allein die Führung – und die bauliche Artikulation – bis zum Exzess übernommen habe: „Der Riß zwischen der Baukunst und der Stadtbaukunst [war] da."[11] Und die Notwendigkeit, die Dinge von Grund auf neu angehen zu wollen, war gegeben.

Es ging also nicht nur um Stadtgrundrisse, sondern ganz besonders auch um den Stadtkörper und um dessen plastische Erscheinungsform, was Brinckmann, H. Maertens zitierend, mit dem „optischen Maßstab" in Erinnerung rief.[12] Es gibt immer den Benutzer der Stadt und demzufolge einen „bestimmten Verhältniswert zwischen dem Abstand des Betrachtenden und der Ausdehnung des betrachteten Gegenstandes", es gibt den Gesichtswinkel und den festgestellten „günstigen Augenaufschlagwinkel" von etwa 27°, es gibt den „Genuss des Details" bei 45° und das Gesamtbild bei 18°. H. Maertens' Ziel war es, aus der physiologischen Optik einen praktischen Nutzen zu ziehen und die „volle geistige Aufmerksamkeit dem Anschauen" zuteil werden zu lassen.[13] So war auch die Stadt – und nicht nur das museale, von einer Flut von Literatur über das „Sehen" umsorgte Kunstwerk – wieder näher an die Wahrnehmung durch den Menschen herangebracht worden. Und von hier aus entwickelten sich unterschiedliche Thesen und entwerferische Vorkehrungen. Damit das Auge nicht in die Leere sieht, sollte man Straßenzüge in einem nützlichen Abstand so biegen, dass dort ein „Bild" sichtbar würde. Die „Durchbildung konkaver und konvexer Strassen"[14] und nicht nur geradlinige Formen waren gefragt. Noch konkreter, die „Strassenwand" wurde wieder zu einem zu gestaltenden Element, weil die „Abbildung eines Bauwerkes" für die „Anschauung eines Werkes selbst" stehen sollte.[15]

Man muss sich bei allen Unterschieden in der Beurteilung und in der Empfehlung von einzelnen Maßnahmen an Camillo Sittes seit 1889 immer wieder neu aufgelegtes bahnbrechendes Werk

Abb. 4 **WERNER HEGEMANN,**
Der Städtebau nach den Ergebnissen
der Allgemeinen Städtebau-Ausstellung
in Berlin, Berlin 1911

Abb. 5 **A. E. BRINCKMANN,**
Platz und Monument,
Berlin 1912

Abb. 6 **A. E. BRINCKMANN,**
Stadtbaukunst. Geschichtliche
Querschnitte und neuzeitliche Ziele,
Berlin 1920

Abb. 7 **H. MAERTENS,**
Der Optische-Maassstab,
Berlin 1884

Abb. 8 **CAMILLO SITTE,**
Der Städte-Bau nach seinen künstlerischen
Grundsätzen, Wien 1889

Abb. 9 **THEODOR FISCHER,**
Sechs Vorträge über Stadtbaukunst,
München / Berlin 1922

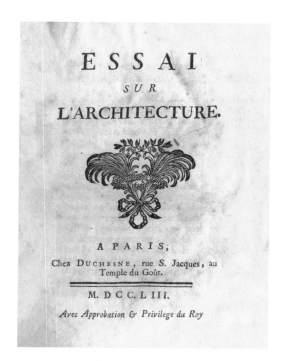

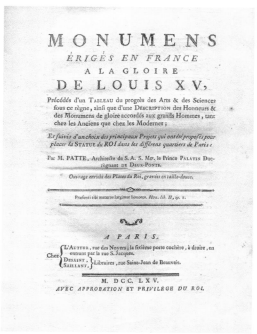

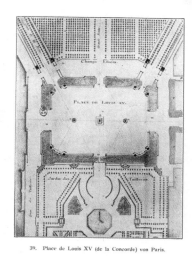

Abb. 10 **ABBÉ LAUGIER,**
Essai sur l'Architecture,
Paris 1753

Abb. 11 **PIERRE PATTE,**
Monuments érigés en France à la gloire de
Louis XV, Paris 1765

Abb. 12 „Place de Louis XV", nach Pierre
Patte (1765), aus: **A. E. BRINCKMANN,**
Platz und Monument, Berlin 1912, S. 115

Der Städte-Bau nach seinen künstlerischen Grundsätzen und die darin enthaltene Polemik erinnern, um die Dringlichkeit solcher Vorschläge – in „modernen" Zeiten insbesondere – richtig beurteilen zu können. „Moderne Systeme! – Jawohl! Streng systematisch Alles anzufassen und nicht um Haaresbreite von der einmal aufgestellten Schablone abzuweichen, bis der Genius todtgequält und alle lebensfreudige Empfindung im System erstickt ist, das ist das Zeichen unserer Zeit."[16] Sitte stellte fest, wir besäßen drei Hauptsysteme „und noch etliche Unterarten": „das Rechtecksystem, das Radialsystem und das Dreiecksystem", und urteilte: „Vom künstlerischen Standpunkte aus geht uns die Sippe gar nichts an, in deren Adern nicht ein einziger Blutstropfen von Kunst mehr enthalten ist."[17] Gegen die – „rein technische" – Regulierung des Straßennetzes setzte Sitte das Prinzip Kunst. Sinnlich aufgefasst würden solcherlei Systeme nie „außer am Plan", was übrigens Städtebauer und Architekten bis heute nur allzugern zu überspielen suchen. Doch die Schönheit und Sinnlichkeit der Stadt findet nicht in kolorierten Plänen, sondern in der Wirklichkeit statt. Es bedarf „wirklicher" Bilder. Karl Henrici, der sich selbst in Abgrenzung, aber auch in grundsätzlicher Zustimmung zu Sitte als „Realist" gab, forderte deshalb, dass solcherlei Bilder einen „wesentlichen Bestandtheil des Entwurfes" bilden müssten.[18] Er brach andererseits mit einer (bloß) „romantischen" Sichtweise, die die „schönsten Architekturbilder" unserer „alten heimathlichen Städte" mit dem Zufall zusammenbringt, sah dagegen – auch diesbezüglich – Regeln am Werk und folgerte, dass „nur die Erfüllung aller praktischen Nothwendigkeiten zu befriedigend Schönem im Städtebau führen kann".[19] Oder anders gesagt, Städtebau lässt sich baulich auch jenseits bloßer systematisch-planerischer Maßnahmen – aber natürlich auch jenseits bloßer Willkür – erfüllen; ja gerade dort, in der gebauten und sichtbaren architektonischen Wirklichkeit, muss es sich erweisen. Über dem Stadtgrundriss erhebt sich der Stadtkörper, und dieser bedarf der umsichtigen architektonischen Gestaltung. Der Ausgleich von *régularité* und *variété* muss sich hier bewähren. Theodor Fischer hat dazu eine besonders überzeugende sibyllinische Formulierung gefunden. „Gesundheit der Grundstimmung", der „unerschöpfliche Reichtum der räumlichen Gestaltung im

grossen" genauso wie die „Ruhe durch Gleichförmigkeit" seien erwünscht; und so ergab sich für ihn die Gleichung: „Hier ist Ruhe durch Unterordnung des Einzelnen unter ein Ganzes, und da das Ganze stark ist, kann auch das Einzelne noch differenziert sein."[20]

Wie sich das Ganze zu den Teilen und umgekehrt verhalten soll, bildete wohl die Crux jeder städtebaulichen Maßnahme. Und die Meinungen gingen diesbezüglich – auch nach Brinckmanns Rückgriff auf das französische *embellissement* – auseinander. Immerhin war der alte Widerspruch von Chaos und Ordnung mitsamt seinem gestalterischen Potenzial neu im architektonischen Bewusstsein angekommen. Dass *embellissement* – endlich vom Stigma einer als Möblierung verstandenen Stadtverschönerung befreit – nicht nur für den regelhaften Stadtgrundriss und für die einseitige Rolle des Ordnungsmachers stand, wurde allerdings nur selten vertieft. Natürlich ging man auch im Paris des 18. Jahrhunderts von Bedürfnis und Angemessenheit und zudem von der traditionellen Aufgabe des Architekten aus, Ordnung in die Welt zu bringen. Die *embellissement*-Diskussion drehte sich ebenso damals darum, wie solches im Ausgleich der unterschiedlichen Argumente und Interessen geschehen sollte. Auch das Prinzip Ordnung richtet sich, wie dies Quatremère de Quincy ausführlich beschreibt, „aux yeux et à l'esprit", befriedigt sinnliche wie geistige Bedürfnisse und insgesamt „le caractère des qualités physiques et morales qui peuvent être rendues sensibles par l'accord des formes qui la constituent".[21] Es geht bei ihm umfassend und gleichermaßen konkret um die „diversité des masses", die „variations des mesures" und die „signification des détails et des ornements". Quatremère de Quincy benennt die architektonischen Mittel und Maßnahmen bis hinein ins einzelne Glied. All diese Kriterien und Elemente bestimmen das Verhältnis der Formen zueinander, und erst daraus entsteht Ordnung – und natürlich nicht durch ein einseitiges Verfügen von außen. Deshalb ist Ordnung ein *principe d'intelligence!* (Wörtlich: „C'est par l'ordre que se manifeste ce principe d'intelligence", und das bezieht sich, so allgemein und grundsätzlich aufgefasst, auf die „productions du génie" genauso wie auf die Organisation der Gesellschaft, die „législation".[22])

Abb. 13 **PIERRE PATTE**
„Des Projets de Place"

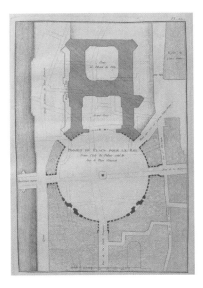

Abb. 14 **PIERRE PATTE**
Vorschlag eines Platzes mit
dem Monument für Louis XV

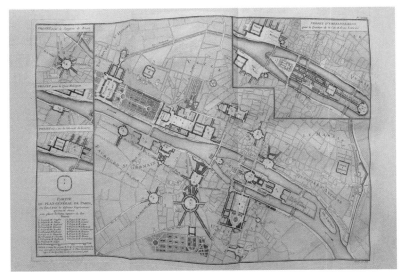

Abb. 15 **PIERRE PATTE** Synopse aller Vorschläge zu einer Place
Louis XV, zum Stadtplan erweitert

Nach dieser Maßgabe geht es um die Teile und das Ganze; und dies ist bezüglich städtebaulicher Aufgaben durchaus wörtlich zu nehmen – und zu konkretisieren. Laugier beginnt deshalb 1753 die einschlägige Darstellung in seinem *Essai sur l'Architecture* mit der Feststellung: „Le goût des embellissements est devenu général."[23] Es sei zu wünschen, dass dieser Prozess vorankomme und sich perfektioniere. Und deshalb dürften sich die Anstrengungen nicht auf die „maisons des particuliers" beschränken, sondern müssten die ganzen Städte erfassen. Jede einzelne bauliche Maßnahme müsse sich positiv auf das Ganze der Stadt auswirken, um den unbefriedigenden Zustand zu überwinden, den Laugier beschreibt als „un amas de maison entassées pêle-mêle sans sistème, sans oeconomie, sans dessein"[24]. Und diesen „désordre" macht er insbesondere in Paris aus. Doch seine Empfehlungen gehen noch lange nicht Richtung *Plan Voisin;* kein Kahlschlag, sondern behutsame, aber zielgerichtete Einzelmaßnahmen, deren Gesamtheit das Ganze manifestiert, so wie das programmatisch und modellhaft Pierre Patte vorgestellt hat, indem er sämtliche aufgrund eines Wettbewerbs eingegangenen, über das Stadtbild verteilten Vorschläge einer *Place Louis XV* in den Stadtplan einzeichnet, um aufzuzeigen, wie sich die Stadt insgesamt dank neuer Platzanlagen und Stadtverschönerungen zwecks Demonstration des allgemeinen Fortschritts „des Arts & des Sciences" verändern könnte.[25]

Laugier hatte im Voraus verdeutlicht: „Paris a donc très-grand besoin d'embellissement."[26] Und er hatte auch ausgeführt, welche Bereiche einer Stadt diesbezüglich besonders empfänglich sind, die „entrées des villes", die „disposition des rues" und schließlich die Bauten selbst und deren Ausgestaltung, die „décoration des bâtiments".[27] Wiederum führt der Weg schnell von der allgemeinen Absicht zur konkreten Möglichkeit und Notwendigkeit des Eingriffs, in dem sich das *embellissement* letztlich erweisen muss. Es mag vorerst scheinen: „Quand le dessein d'une ville est bien tracé, le principal & le plus difficile est fait."[28] Doch es folgen gleich der notwendige Zusatz und die Erläuterung: „Il reste pourtant encore à régler la décoration extérieure des bâtiments." Das bedeutet für Laugier Schutz vor den „caprices des particuliers" und eine durch die Autorität der Stadtbehörde garantierte Einheitlichkeit: „Tout ce qui donne sur la rue doit être déterminé & assujetti par autorité publique, au dessein qu'on aura réglé pour la rue entière."[29] Die Fassade erscheint als der Teil eines – privaten – Gebäudes, das den Straßenraum mitbestimmt, insofern von öffentlichem Interesse ist und diesem zugeordnet werden muss. Laugier präzisiert und betont dementsprechend die öffentliche Zuständigkeit: „Il faut non seulement fixer les endroits où il sera permis de bâtir, mais encore la manière dont on fera obligé de bâtir."[30] Baulinien sind nicht nur Abgrenzungen, innerhalb deren gebaut werden darf; sie bezeichnen vielmehr präzise die Stelle, an der gebaut werden muss, damit eine einheitliche Straßen- oder Platzfront zustande kommt. Die Öffentlichkeit bedient sich der privaten Bautätigkeit, um das Ziel eines einheitlichen Stadtbilds schrittweise zu erreichen. Und doch ist ein Ausgleich von *régularité* und *variété* erwünscht und steht durchaus im Ermessen des (kompetenten) Architekten. Entscheidend für die Stadt und ihre Erscheinungsform ist das Verhältnis von öffentlich und privat und dessen Regelung.

Seit Laugier und Patte bleibt die städtebauliche, mit dem Begriff des *embellissement* verbundene Aufgabe und Anforderung gleich.

1. Es geht nicht um bloße Platzgestaltung oder „Luftbehälter"[31], sondern um die architektonische Rahmensetzung, um die konkrete bauliche Maßnahme, damit der öffentliche Raum von Straßen und Plätzen in adäquater Weise als Stadtkörper entstehen und in Erscheinung treten kann.

2. Diese – ganz wörtlich – städtebauliche Aufgabe betrifft den Ausgleich von Ordnung und Vielfalt, das Verhältnis des Ganzen und der Teile und weist der Stadt, dem Ganzen, den Vorrang zu. Brinckmann beschreibt dieses Vorgehen so: „Das einzelne Haus gab seinen Individualismus zugunsten einer höheren Einheit auf."[32] Nur so kann das Stadtganze als solches in Erscheinung treten und – in den damaligen Worten Pierre Pattes – den Fortschritt einer Gesellschaft adäquat abbilden und zur Darstellung bringen.

3. Mit dem Begriff des *embellissement* war eine Strategie umschrieben, der Stadt ihre eigene architektonische Physiognomie nicht nur als Resultat und Folge von (beliebiger) Bautätigkeit und als resultierendes Abbild, sondern als bewusst angestrebte, adäquate architektonische Darstellung ihrer gesellschaftlichen Ordnung und des darin stattfindenden Lebens zu verleihen.

ANMERKUNGEN

[1] Vgl. J. L. Sert, Centres of Community Life, in: J. Tyrwhitt, J. L. Sert, E. N. Rogers (Hg.), The Heart of the City: Towards the Humanisation of Urban Life, Pellegrini and Cudahy: New York, 1952, S. 3–16: S. 3.

[2] Op. cit., S. 3.

[3] Op. cit.

[4] Das Bild des Markusplatzes, umrahmt und geschmückt mit den roten Silhouetten von Tauben, diente dem einleitenden Beitrag Serts als Frontispiz; zum Lunapark vgl. Ian Mc Callum, Spontaneity at the Core, in: J. Tyrwhitt et. al. (Hg.), The Heart of the City, op. cit., S. 64–66.

[5] Vgl. S. Giedion, The Heart of the City: a summing-up, in: J. Tyrwhitt et. al. (Hg.), The Heart of the City, op. cit., S. 159–163: S. 159.

[6] Vgl. Werner Hegemann, Der Städtebau nach den Ergebnissen der Allgemeinen Städtebau-Ausstellung in Berlin, Ernst Wasmuth: Berlin, 1911 / 13, I, 1911, S. 8.

[7] Vgl. Werner Oechslin, Einleitung zu: A. E. Brinckmann, Deutsche Stadtbaukunst in der Vergangenheit, Reprint der 2., erweiterten Auflage von 1921, Vieweg: Braunschweig / Wiesbaden, 1985, S. V–XVI.

[8] Vgl. A. E. Brinckmann, Stadtbaukunst. Geschichtliche Querschnitte und neuzeitliche Ziele, Akademische Verlagsgesellschaft Athenaion: Berlin-Neubabelsberg, 1920, Vorwort.

[9] Vgl. Theodor Goecke / Camillo Sitte, An unsere Leser, in: Dies. (Hg.), Der Städtebau, 1. Jahrgang, 1. Heft, Januar 1904, S. 4. – Die Autoren verbanden diese Forderung mit einem „Wendepunkt", der nun bevorstand; es ging ihnen um den Kampf gegen „Schematismus des Straßennetzes" und gegen „das öde Einerlei des Häusermeeres".

[10] Vgl. Brinckmann, Stadtbaukunst, op. cit., Vorwort, S. VII.

[11] Ibid., S. 104.

[12] Ibid., S. 90.

[13] Vgl. Hermann Maertens, Der Optische Maassstab oder die Theorie und Praxis des ästhetischen Sehens in den bildenden Künsten. Auf Grund der Lehre der physiologischen Optik, 2., gänzlich umgearbeitete Auflage, Ernst Wasmuth: Berlin, 1884, Auszug aus dem Vorwort zur 1. Auflage (1877) und S. 13.

[14] Die Formulierung bei Goecke / Sitte 1904, op. cit., S. 3.

[15] So beispielsweise Julius Hoffmann in einer Besprechung früher Siedlungsbauten von Wilhelm Riphahn: vgl. H. [Julius Hoffmann], Siedlungen und andere Bauten von Architekt Wilhelm Riphahn, Köln, in: Moderne Bauformen, XXII; I,1, 1923, S. 1.

[16] Vgl. Camillo Sitte, Der Städte-Bau nach seinen künstlerischen Grundsätzen, Carl Graeser: Wien, 1889, S. 97.

[17] Ibid., S. 97.

[18] Vgl. Karl Henrici, Preisgekrönter Konkurrenz-Entwurf zu der Stadterweiterung Münchens, L. Werner: München, 1893, Vorwort.

[19] Ibid., Vorwort.

[20] Vgl. Theodor Fischer, Sechs Vorträge über Stadtbaukunst, 2., unveränderte Auflage, R. Oldenbourg: München / Berlin, 1922, S. 9.

[21] Vgl. Quatremère de Quincy, Ordre, in: Ders., Dictionnaire Historique d'Architecture, Tome Second, Adrien Le Clere: Paris, 1832, S. 173–178: S. 176.

[22] Ibid., S. 173.

[23] Vgl. [Abbé Laugier], Essai sur l'Architecture, Duchesne: Paris, 1753, S. 242.

[24] Ibid., S. 242f.

[25] Vgl. Pierre Patte, Monuments érigés en France à la gloire de Louis XV, précédés d'un tableau du progrès des Arts & des Sciences sous ce règne …, Rozet: Paris, 1767, S. 187ff. und Pl. XXXIX.

[26] Vgl. Laugier, op. cit., S. 244.

[27] Ibid., Article I., S. 245ff.; Article II., S. 258ff.; Article III., S. 265ff.

[28] Ibid., S. 265.

[29] Ibid., S. 265f.

[30] Ibid., S. 266.

[31] Der Begriff in Goecke / Sitte 1904, op. cit., S. 2, wo er als Schlagwort aufgenommen und kritisiert wird.

[32] Vgl. Brinckmann 1920, op. cit., S. 68.

BILDNACHWEIS

Abb. 1 J. Tyrwhitt, J. L. Sert, E. N. Rogers (Hg.), The Heart of the City, New York 1952; Emblem

Abb. 2 Ibid., Titel

Abb. 3 Ibid., Markusplatz; Frontispiz zum Beitrag: J. L. Sert, Centres of Community Life, 1952

Abb. 4 Werner Hegemann, Der Städtebau nach den Ergebnissen der Allgemeinen Städtebau-Ausstellung in Berlin, Berlin, I, 1911

Abb. 5 A. E. Brinckmann, Platz und Monument, Berlin 1912

Abb. 6 A. E. Brinckmann, Stadtbaukunst. Geschichtliche Querschnitte und neuzeitliche Ziele, Berlin-Neubabelsberg 1920

Abb. 7 H. Maertens, Der Optische-Maassstab oder die Theorie und Praxis des ästhetischen Sehens in den bildenden Künsten, 2., gänzlich umgearbeitete Auflage, Berlin 1884

Abb. 8 Camillo Sitte, Der Städte-Bau nach seinen künstlerischen Grundsätzen, 2. Auflage, Wien 1889

Abb. 9 Theodor Fischer, Sechs Vorträge über Stadtbaukunst, zweite unveränderte Auflage, München / Berlin 1922

Abb. 10 [Abbé Laugier], Essai sur l'Architecture, Paris 1753

Abb. 11 Pierre Patte, Monumens érigés en France à la gloire de Louis XV, Prospekt („Plan de cet ouvrage"), Paris 1765

Abb. 12 „Place de Louis XV", nach Pierre Patte (1765), aus: A. E. Brinckmann, Platz und Monument, Berlin 1912, S. 115

Abb. 13 „Des Projets de Place", aus: Pierre Patte, op. cit., S. 187ff.

Abb. 14 Vorschlag eines Platzes mit dem Monument für Louis XV in der Nachbarschaft von Notre-Dame, in: P. Patte, Monuments érigés en France à la gloire de Louis XV, Paris 1765, pl. XL

Abb. 15 Synopse aller Vorschläge zu einer Place Louis XV, zum Stadtplan erweitert („tracés en petit sur un plan général de Paris"), aus: P. Patte, op. cit., pl. XXXIX

Alle Abb. / copyright: Bibliothek Werner Oechslin, Einsiedeln

BEISPIELE VON STADTRÄUMEN ALS ANLEITUNG ZUM ENTWURF

ÖFFENTLICH UND PRIVAT IM STADTRAUM

Auf den folgenden Seiten werden Schwarzpläne verschiedener Städte und Stadtteile abgebildet und unter funktionalen, sozialen und gestalterischen Kriterien verglichen. Sie verdeutlichen die unterschiedlichsten Ordnungen und Qualitäten und können beispielhaft als Grundlage für den städtebaulichen Entwurf von Neubaugebieten Verwendung finden. Die in den 1950er und 1960er Jahren entstandenen Siedlungen Sennestadt, Eisenhüttenstadt, Nordweststadt und Gropiusstadt tragen den Begriff „Stadt" noch in ihrem Namen, haben aber den öffentlichen Raum von Straße und Platz, der das gemeinsame Element der europäischen Stadt ist, aufgegeben. Ausschließlich nach der Sonne ausgerichtet, lässt sich schon im Schwarzplan kein Straßenraum erkennen, mit dem die Erschließung der Häuser über eine gewisse Ordnung nachzuvollziehen wäre. Anders als sich dies in allen weiteren Beispielen darstellt, ist das Vorne und Hinten, das den städtischen Raum in öffentliche Straßen und private Hof- oder Gartenräume unterteilt, in den Zeichnungen nicht mehr erkennbar. Die Trennung der Stadt in öffentliche und private Stadträume ist eines der grundlegenden Prinzipien der europäischen Stadt. Die Aufhebung dieses Prinzips, wie es mit der sogenannten Durchwegung der privaten Grundstücke im Inneren eines Blocks noch heute üblich ist, nimmt den Höfen und Gärten ihre Privatheit und damit ihre soziale Kontrolle.

Schwarzplan M 1: 20.000   0 100 200   400   600   800   1000

SENNESTADT Bielefeld, 20. Jh.   **HANS BERNHARD REICHOW**

EISENHÜTTENSTADT 20. Jh.   **KURT W. LEUCHT**

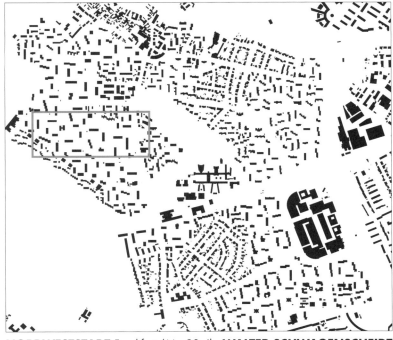

NORDWESTSTADT Frankfurt/M., 20. Jh. **WALTER SCHWAGENSCHEIDT**

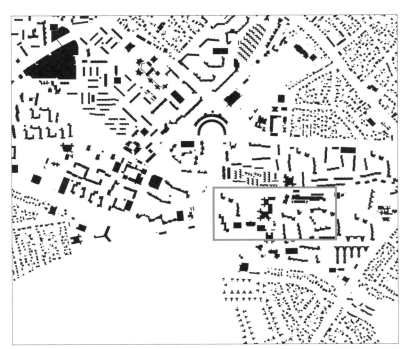

GROPIUSSTADT Berlin, 20. Jh.   **WALTER GROPIUS**

REFORMBLOCK UND SIEDLUNGSBAU IM STADTRAUM

Die Übernahme der Stadtstruktur Die folgenden Schwarzpläne dokumentieren, wie der in seinem Inneren unbebaute **Reformblock** im städtischen Siedlungsbau der 1920er Jahre übernommen wird. In Hamburg-Dulsberg von Fritz Schumacher, aber auch in den anderen Beispielen zeigt sich, wie der klassische Städtebau der europäischen Stadt mit seinen öffentlichen Straßenräumen und Höfen räumlich zwar eine Fortsetzung findet, die städtische Vielfalt und Lebendigkeit aber ohne Dichte und Parzellenstruktur verloren geht. **Monotonie der Straßenfassaden** Was diesem Siedlungsbau fehlt, ist zunächst der Abwechslungsreichtum der unterschiedlichen Straßenfassaden als eine der wesentlichen Charaktereigenschaften eines bis dahin bekannten Straßenraums. Trotz hoher architektonischer Qualität nehmen die in ihrem Aussehen immer

gleichen Siedlungsbauten dieser Zeit die Monotonie heutiger Straßenfassaden vorweg. Dies ist aber nicht der einzige Grund für die fehlende Lebendigkeit dieser städtischen Gebilde. **Das Flügelhaus und der Hof** Dem Siedlungsbau mangelt es auch an Dichte und vor allem an sozialer und funktionaler Vielfalt, wie sie die europäische Stadt mit dem Bautypus des Flügelhauses und seinen Höfen über Jahrhunderte entwickelt hat. Im Grundriss dieser Häuser gibt es große und kleine Wohnungen für die unterschiedlichsten Wohnbedürfnisse, vor allem aber kann der Hof als Erweiterungsfläche der Wohnung für verschiedene Aktivitäten bis hin zum Kinderspiel genutzt werden. Die Freiflächen der Siedlungen dagegen bleiben, wie dies vor allem in der Wohnstadt Carl Legien in Berlin, aber auch in der Bruchfeldstraße in Frankfurt (Hofräume) nachzuvollziehen ist, anonym und leer. In Ermangelung der sich zwischen den Flügelhäusern entwickelnden Höfe kann sich die Vielfalt städtischen Lebens hier nicht entwickeln.

Schwarzplan M 1: 20.000   0 100 200   400   600   800   1000

BERLIN Wohnstadt Carl Legien, 20. Jh.   HOFRÄUME **BRUNO TAUT**

HANNOVER Südstadt, 20. Jh.   Siehe auch Seite 104 **KARL ELKART**

HAMBURG Dulsberg, 20. Jh.   102 **FRITZ SCHUMACHER**

FRANKFURT / M. Bruchfeldstraße, 20. Jh.   HOFRÄUME **ERNST MAY**

MITTELALTERLICHE DICHTE IM STADTRAUM

Es bedarf nur weniger städtebaulicher Prinzipien, um attraktive Stadträume entwickeln zu können. **Architektur und Raum** In der Altstadt von Regensburg (Straßenräume / Platzräume) erlebt man eine Abfolge von Straßen- und Platzräumen, von Enge und Weite wie in kaum einer anderen Stadt. Die mit ihren Fassaden, Eingängen und Erkern auf Platz- und Straßenräume reagierende architektonische Gestaltung der Häuser verdeutlicht, dass Stadträume auch heute nicht ohne die Architektur ihrer Häuser entwickelt werden können. **Straßenbreite und Raum** Wie ein öffentlicher Straßenraum als Zentrum eines Stadtteils entworfen werden kann, ist am Beispiel der Stadt Landshut zu sehen (Straßenräume). In der Dichte der Bebauung entwickelt sich die Hauptstraße als Zentrum nur über ihre besondere Breite, die repräsentativen Straßenfassaden

ihrer Häuser und einige öffentliche Bauwerke. **Haustyp und Raum** In Lübeck ist es der Haustyp der Dielenhäuser, die mit ihren unterschiedlichen und sich wiederholenden Treppengiebeln den Straßenraum beherrschen und das Bild der Stadt bestimmen (Platzräume / Hofräume). Nur die öffentlichen Bauwerke, heute wären es Schulen und Stadtteilhäuser, haben ein davon abweichendes Aussehen und ragen weit über die Dächer der Dielenhäuser hinaus. **Straßenfassade und Raum** Am Prinzipalmarkt in Münster ist es die Reihung der sich wiederholenden Kaufmannshäuser mit ihren auf öffentlichen Arkaden ruhenden Giebelfassaden, ergänzt durch öffentliche Bauten wie Kirche und Rathaus, die die Schönheit des Stadtraums entstehen lässt (Straßenräume). Das Planungsinstrument der Gestaltungssatzung ermöglicht auch heute derartige Stadträume, wie sie in diesen Städten zu finden sind.

Schwarzplan M 1: 20.000

ARCHITEKTUR UND RAUM Regensburg, 9. Jh.   **52**

STRASSENBREITE UND RAUM Landshut, 13. Jh.   **44**

HAUSTYP UND RAUM Lübeck, 12. Jh.   **46**

STRASSENFASSADE UND RAUM Münster, 12. Jh.   **48**

STADTRÄUME

DIE OFFENE BAUWEISE
IM STADTRAUM

Offene Bauweise und Straßenraum Unabhängig davon, ob Stadträume in offenen oder geschlossenen Bauweisen entwickelt sind,
der vielfältige Charakter einer Stadt lebt von der Trennung öffentlicher und privater Räume, von der Öffentlichkeit der Straße und der
Privatheit des Hof- und Gartenraums. Die sogenannte Durchwegung von Blockinnenräumen hebt diese Trennung auf und führt in
der Nutzung der Grundstücke zu funktionalen Störungen. Wie die
vier folgenden Beispiele zeigen, bedarf es aber keinesfalls einer
geschlossenen Bebauung, um das städtebauliche Prinzip eines städtischen Baublocks umzusetzen und damit eine Privatnutzung der
Grundstücke zu ermöglichen. Garten- und Straßenraum Deshalb
sollte die Grundlage des Entwurfs einer jeden offenen Bebauung
die Trennung von öffentlichem und nicht-öffentlichem Stadtraum,
von Straßen- und Gartenraum sein. Wie die Beispiele zeigen, ist
diese Trennung trotz der offenen Bauweise schon im Schwarzplan
deutlich erkennbar. Wohnhaus und Straßenraum Im Entwurf
einer offenen Bebauung ist es für den Straßenraum besonders
wichtig, dass die Wohngebäude in einer Flucht stehen und eine zur
Straße hin orientierte, architektonisch ausgearbeitete Eingangsfassade haben. Eckhaus und Straßenraum Ein zweites Prinzip,
das den öffentlichen Straßenraum städtebaulich formt, ist der Einsatz von Eckhäusern. Wie schon im Schwarzplan am Beispiel
Dresden-Striesen (Hofräume / Straßenräume) deutlich erkennbar, ist
das Ende eines jeden Straßenraums hier durch den architektonisch
städtebaulich besonderen Haustyp des Eckhauses gekennzeichnet.
Mit ihm wird jede Straßenkreuzung zu einer Art kleinem Platzraum, die Eckwohnung im Inneren des Hauses aber erhält durch
ihre zweiseitige Belichtung große Attraktivität.

Schwarzplan M 1: 20.000

WEIMAR Westvorstadt, 19. Jh.   126

OLDENBURG Dobbenviertel, 19. Jh.   120

DRESDEN Striesen, 19. Jh.   90

BRAUNSCHWEIG Östliches Ringgebiet, 19. Jh.   86

NIEDRIGER ZEILENBAU UND STADTRAUM

Siedlung und Straßenraumlänge Die auch in ihren zweigeschossigen Fassaden baugleichen Reihenhäuser der Frankfurter Römerstadt addieren sich zu 700 Meter langen Straßenräumen, die durch einen leichten Versatz oder eine Krümmung optisch verkürzt werden. Um ein Geschoss erhöhte und mit rotem Putz versehene Kopfbauten bilden dabei das Ende des jeweiligen Straßenabschnitts (Straßenräume). **Siedlung und öffentlicher Stadtraum** Auf der Margarethenhöhe in Essen geben in Zeilen aufgestellte Doppelhäuser mit individuellen Straßenfassaden, ein Torhaus am Eingang des Quartiers, ein zentraler Marktplatz und die obligatorische Trennung von Straßen- und Gartenraum der Siedlung ein abwechslungsreiches stadträumliches Aussehen, das sich schon im Schwarzplan leicht erkennen lässt. **Siedlung und individuelle**

Straßenfassade Im Holländischen Viertel in Potsdam sind die in Zeilen aufgestellten einzelnen Häuser aus rotem Ziegelstein bis auf wenige Ausnahmen zur Straße hin mit einem Schildgiebel versehen. Diese ausgeprägte Giebelform im Straßenraum untergliedert die mehr als 100 Meter langen Zeilen und verleiht den Häusern Individualität (Hofräume / Straßenräume). **Siedlungsfigur und Reihenhausbebauung** Die städtebauliche Figur der Bremer Neustadt wirkt im Schwarzplan wie eine geordnete Siedlungsstruktur mit überdimensioniert langen Straßenräumen. Tatsächlich handelt es sich um eine Reihenhausbebauung, die in dieser Länge heute nicht realisierbar erscheint. Die Architektur der einzelnen Straßenfassaden aber verleiht den im Plan zu lang erscheinenden Straßenräumen eine derartige Vielfältigkeit, dass dieses Siedlungsgebiet zu einem der beliebtesten Wohnorte in Bremen geworden ist (Hofräume / Straßenräume).

Schwarzplan M 1:20.000

SIEDLUNG UND STRASSENRAUMLÄNGE Frankfurt / M., 20. Jh. **98**

SIEDLUNG UND ÖFFENTLICHER STADTRAUM Essen, 20. Jh. **94**

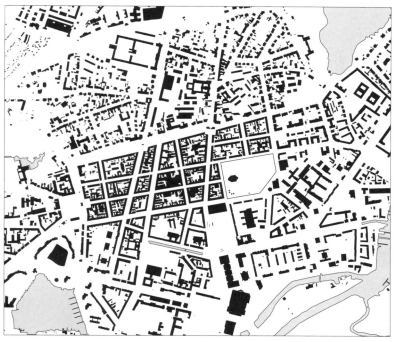

SIEDLUNG UND INDIVIDUELLE STRASSENFASSADE Potsdam, 18. Jh. **122**

SIEDLUNGSFIGUR UND REIHENHAUSBEBAUUNG Bremen, 19. Jh. **88**

DER HOF ALS SOZIALER BEGEG-
NUNGSORT IM STADTRAUM

Die folgenden vier Schwarzpläne zeigen städtebauliche Strukturen, in denen die öffentlichen Straßenräume dem nicht-öffentlichen Hofraum deutlich ablesbar gegenüberstehen. Hofraum mit zweigeschossigen Hofhäusern Hofräume im Frankfurter Nordend beherbergen meist zweigeschossige Gartenhäuser. Die Straßenkantenlänge der vier- bis fünfgeschossigen Blöcke beträgt meist lediglich 100 × 60 Meter (Hofräume). Hofraum mit frei stehender Bebauung Im Waldstraßenviertel in Leipzig finden sich Blöcke, die eine Kantenlänge von 70 × 180 Meter aufweisen und im Inneren eine offene Bebauung mit zwei- bis dreigeschossigen Hofhäusern haben. Diese Hofhäuser sind nicht an die Haupthäuser der Straße angeschlossen und verfügen über eine eigene Erschließung (Straßenräume). Hofraum auf vier Parzellen Im Bayerischen Viertel

in Berlin sind die Hofräume von vier Parzellen zusammengelegt und nur durch Mauern voneinander getrennt. Dabei bleibt jedem Haus sein eigener Hof zugeordnet, das räumliche Zusammenfügen erlaubt aber eine großzügige Belichtung. Dass das Prinzip des zusammengelegten Hofraums auch mit einer zusätzlichen Hofbebauung funktioniert, zeigt das Beispiel in der Berliner Wühlischstraße (Hofräume). Hofraum in Flügelhäusern In Prenzlauer Berg in Berlin haben die Blöcke eine Kantenlänge von bis zu 200 × 250 Meter und bestehen aus fünfgeschossigen Flügelbauten, die die Höfe umfassen. Alle Hofräume fungieren als erweiterte Wohnfläche sowie als Begegnungsort ihrer Bewohner und fördern damit das soziale Miteinander.

Schwarzplan M 1:20.000   0 100 200   400   600   800   1000

HOFRAUM MIT 2-GESCHOSSIGEN HOFHÄUSERN Frankfurt/M., 19. Jh. **96**

HOFRAUM MIT FREI STEHENDER BEBAUUNG Leipzig, 19. Jh.   **110**

HOFRAUM AUF VIER PARZELLEN Berlin, 20. Jh.   **80**

HOFRAUM IN FLÜGELHÄUSERN Berlin, 19. Jh.   **84**

HOFRAUM UND FUNKTIONALE VIELFALT IM STADTRAUM

Die europäische Stadt ist von einem Netzwerk von Straßen durchzogen, mit dem die privaten Grundstücke erschlossen werden. Um diese Erschließung für die öffentliche Hand wirtschaftlich zu gestalten, werden die Straßen so angelegt, dass von ihnen möglichst viele Grundstücke zugängig gemacht werden können. In der damit entstehenden Liegenschaftstiefe zwischen den Straßen werden Höfe angelegt, an denen gewohnt und gearbeitet wird. Die abgebildeten Beispiele verdeutlichen, wie verschiedenste Funktionen im städtischen Hofraum untergebracht werden und die Monofunktionalität der Stadt damit aufgehoben wird. Schulhof In der Schöningstraße in Berlin umfasst ein u-förmig angelegtes Schulgebäude den Schulhof und trennt ihn damit akustisch von zwei Wohnhöfen (Hofräume). Bushof In der Müllerstraße in Berlin

umfassen lange Zeilen von Wohnhäusern an der Straße einen Gewerbehof, in dem eine große Werkhalle errichtet ist (Hofräume). Kirchhof Am Hauptmarkt in Trier liegt die Marktkirche St. Gangolf im Inneren eines Blocks. Der Zugang zur Kirche führt über ein barockes Tor am Platz in den Kirchhof, der von einer Wohnbebauung umgeben ist (Platzräume). Gewerbehof Am Kottbusser Tor in Berlin befinden sich Höfe, in denen nachvollzogen werden kann, wie Arbeitsräume und Wohnräume miteinander kombiniert werden können und ohne Störung miteinander funktionieren (Hofräume). Die immer wieder geforderte funktionale Vielfalt kann auch heute ermöglicht werden, wenn der Entwurf städtischer Hofräume schon im ersten Schritt mit einer konkreten architektonischen Planung oder mit städtischen Bautypen erfolgt.

Schwarzplan M 1: 20.000   0 100 200   400   600   800   1000

SCHULHOF Berlin, 19. Jh.   HOFRÄUME

BUSHOF Berlin, 20. Jh.   HOFRÄUME

KIRCHHOF Trier, 18. Jh.   PLATZRÄUME

GEWERBEHOF Berlin, 19. Jh.   HOFRÄUME

STADTRÄUME

28

DER STÄDTISCHE PARK UND DIE ALLEE IM STADTRAUM

Park Der Stadtpark ist wie Straße und Platz ein eigenes städtebauliches Element im Entwurf neuer Stadtteile. Er ist deshalb auch als ein eigenes Element vom Landschaftsplaner zu entwerfen und darf nicht, wie heute üblich, als „(Rest-)Grünfläche" zwischen Wohnhäusern verstanden werden. Er dient nicht nur der Erholung, sondern ist auch Sauerstoffproduzent und bildet mit seinen unversiegelten Böden die Ausgleichsfläche zur dicht bebauten Stadt. Als öffentlich zugängiger Park stellt er das Gegenstück zu privatem Garten- und Wohnhof der Stadt dar. Seine landschaftlich gärtnerische Anlage dient dabei nicht zuletzt auch der Schönheit der Stadt. **Braunschweig** In Braunschweig wird der Stadtpark mit dem Theaterpark über eine Allee verbunden und bildet damit eine städtebaulich angelegte Einheit. **Halle** Ein kreisrunder kleiner Park, in dessen Mitte eine Kirche steht, bildet das Zentrum einer sternförmigen Anlage, die von baumbestandenen Straßen geprägt und als individueller Ort im Stadtraum erfahrbar ist. **Allee** Auch die Allee ist ein den Stadtraum prägendes Element, das im Entwurf eines Neubauviertels besondere Beachtung finden muss. Als Boulevard angelegt, befördert sie nicht nur die Schönheit einer Straße im städtischen Raum, sondern kann auch als Frischluftschneise fungieren. **Kassel** Die Wilhelmshöher Allee durchzieht die gesamte Stadt. In ihrer Geradlinigkeit ordnet sie den Stadtkörper und gibt Orientierung im städtischen Raum. **Düsseldorf** Eine der prächtigsten Alleen in Deutschland ist die Königsallee, deren Schönheit inmitten der sie umgebenden, dicht bebauten Stadt einen fast landschaftlichen Charakter hat (Straßenräume).

Schwarzplan M 1: 20.000   0 100 200   400   600   800   1000

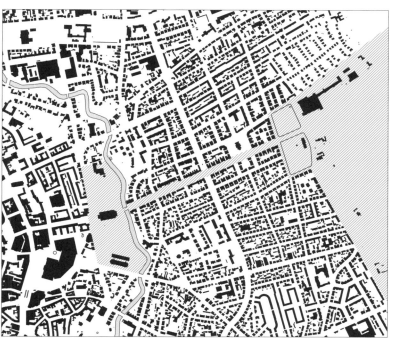

BRAUNSCHWEIG Östliches Ringgebiet, 19. Jh.   86

HALLE (SAALE) Paulusviertel, 19. Jh.   100

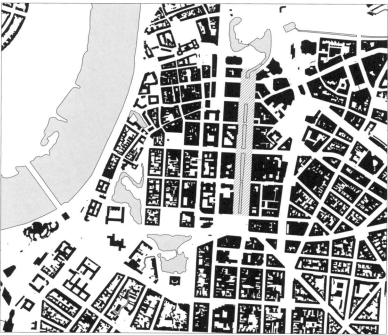

KASSEL Vorderer Westen, 19. Jh.   106

DÜSSELDORF Königsallee, 19. Jh.   STRASSENRÄUME

29

DAS ÖFFENTLICHE BAUWERK ALS ZIELGEBÄUDE IM STADTRAUM

Bauwerke, die dem Gemeinwesen dienen und öffentlich zugänglich sind, sollten im städtischen Raum besonders hervorgehoben werden. Sie dienen im Straßennetz der Stadt als besondere Orientierungspunkte. **Kirchenbau** **Stuttgart** Eine Kirche mit hoch herausragendem Turm am Ende einer fast einen Kilometer langen Straßenachse lenkt den Blick und lässt die Straße im Bild der Stadt zu etwas Besonderem werden. **Theaterbau** **München** Eine repräsentative Platzfassade am Gärtnerplatz verdeutlicht durch ihren vor das Haus gesetzten Portikus, dass es sich um ein öffentliches Bauwerk handelt. Mit dieser Platzfassade dominiert das Theatergebäude den städtischen Raum des Gärtnerplatzes und gibt ihm seine architektonische Prägung (Platzräume). **Stadthaus** **Mainz** Die Kaiserstraße in Mainz spannt sich zwischen zwei repräsentativen Bau-

werken auf, die den städtischen Straßenraum an seinen jeweiligen Enden markieren. Die zum Teil ungeordneten und dem städtischen Raum nicht angepassten Baumpflanzungen stören die ursprünglich vorgesehene städtische Ordnung der Straße. **Museumsbau** **München** Drei in einen von Baumwänden eingefassten, fast quadratischen Platzraum gesetzte Bauwerke lassen den Königsplatz als öffentlichen Stadtraum unter den Plätzen Münchens zu etwas Besonderem werden. Schon durch die einfache geometrische Stringenz des städtebaulichen Entwurfs und die einheitliche Farbe des Steinmaterials der Bauwerke wird die Platzanlage im Stadtraum hervorgehoben (Platzräume).

Schwarzplan M 1: 20.000   0 100 200   400   600   800   1000

KIRCHENBAU Stuttgart, 19. Jh.   124

THEATERBAU München, 19. Jh.   116

MUSEUMSBAU München, 19. Jh.   118

STADTHAUS Mainz, 19. Jh.   114

RAUMFOLGEN UND STRASSEN-STERNE ALS ORDNUNGSSYSTEME IM STADTRAUM

Köln Südstadt In der Kölner Südstadt werden gerasterte Blockstrukturen von diagonalen Verkehrswegen durchschnitten und bilden so sternförmige Straßenmuster. In den Zentren dieser Straßensterne sind Platzräume angelegt, die mit eigenem Charakter zur Orientierung im Stadtteil beitragen (Hofräume). **Berlin Friedrichstadt** Wie im Bebauungsraster von Dresden-Striesen finden sich auch in der Friedrichstadt Plätze, die durch die einfache Herausnahme eines Blocks oder mehrerer Blöcke entstanden sind. Durch ein Tor markiert wird der Übergang von städtischer Bebauung in die Landschaft am Pariser Platz. Auch dies kann heute noch als städtebauliches Prinzip Verwendung finden (Platzräume). **Bad Arolsen Bahnhofstraße / Schloßstraße** An einer langen Straßenachse aufgereiht,

stehen in offener Bauweise die Häuser von Bad Arolsen. Sie sind alle vom gleichen Bautyp, stehen in Lücke zueinander, orientieren sich mit ihrer Hauptfassade zur Straße und verfügen über rückwärtige Anbauten, die gewerbliche Nutzungen ermöglichen. Die einfache Reihung endet an der evangelischen Stadtkirche, die in die Achse der Straße gesetzt wurde und an der sich die Straße zu einem zentralen Platz aufweitet (Straßenräume). **Ludwigshafen Ebertsiedlung** Der Turm eines Ausstellungsgeländes aus dem Jahr 1925 und ein Kirchturm der 1950er Jahre bilden die Enden einer Straße, die als Allee mit Kastanien bepflanzt ist und durch eine städtische Siedlung, deren Bebauung sich halbkreisförmig zum Eingang des Ausstellungsgeländes öffnet, einen besonderen Charakter aufweist.

Schwarzplan M 1: 20.000

KÖLN Südstadt, 19. Jh.   **108**

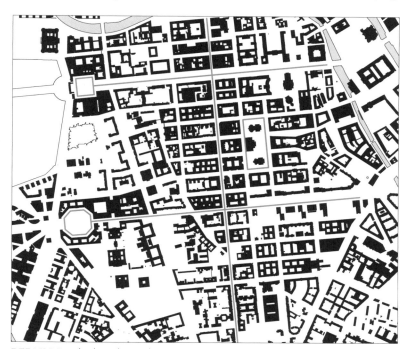

BERLIN Friedrichstadt, 17. Jh.   **82**

BAD AROLSEN Bahnhofstraße / Schloßstraße, 17. Jh.   **STRASSENRÄUME**

LUDWIGSHAFEN Ebertsiedlung, 20. Jh.   **112**

THOMAS WILL

DIE STADT ALS ENSEMBLE

„Darin liegt vielleicht die Ursache, dass die Architekten [...] auch bei kolossalen Monumenten so wenig Wirkung erreichten, weil sie wähnten, durch ihr einzeln stehendes Werk dieselbe erzwingen zu können. Ein Bauwerk, wenngleich in sich selbständig, sollte doch sich möglichst an die Umgebung anschließen, eine solche aufsuchen oder sie schaffen und mit ihr zusammenwirken. Dann gewinnt alles an Bedeutung, durch den Abglanz und die Gegenwirkungen selbst derjenigen mächtigeren Gegenstände, die mit ihm zu einer allgemeinen und gemeinsamen Idee sich verknüpfen.“

Gottfried Semper[1]

Ein Handbuch zur Stadtbaukunst steht in der Tradition der enzyklopädischen und polytechnischen Werke des 19. und frühen 20. Jahrhunderts. Darin geht es um Bauen als eine „Kunst“ im alten Sinn der *techne*, einer wissensbasierten „Kunstfertigkeit“, heute würde man „Kompetenz“ sagen. Die Stadt ist das Werk dieser Kunst, ein generationenüberspannendes, kollektiv errichtetes und genutztes Werk. Jede der vielen Stadtmetaphern, vom Himmlischen Jerusalem zum Moloch Babylon, vom Organismus bis zur Maschine oder zum Soziotop, verweist auf Aspekte der Stadt: funktionale, ästhetische, soziale, ökonomische, physische, metaphysische. In besonderer Weise gewinnt die Stadt aber ihre Bedeutung aus ihrer historischen Dimension. Das begründet ihre Doppelnatur: Sie ist ein intensiv genutztes und dynamisch verändertes Werk (im Unterschied zum individuellen Kunstwerk), und zugleich ist sie ein begehbares Geschichtsbuch, der privilegierte Ort des kollektiven Gedächtnisses. Deshalb ist ein Handbuch der „Stadtbaukunst“ – das heutzutage ungewohnte Wort betont es – mehr als ein technisches Kompendium, auch wenn es die praktische Anwendbarkeit zum Ziel hat. Vielleicht könnte man es als konkreten Fundus an Erfahrungen und Beispielen verstehen, der mit jener rätselhaft-vielschichtigen Theorie Aldo Rossis von der *città analoga* korrespondiert, einer erdachten Stadt, „bestehend aus unserem architektonischen Wissen“[2].

Was seine unermüdliche Arbeit an dieser Theorie bestätigte, ist auch dies: Man kann die Stadt und ihre Produktion nicht objektiv beschreiben in einem wissenschaftlichen Sinn, weil wir uns mitten in ihr befinden, physisch und mental, existenziell und kulturhistorisch. Insofern ist jede Stadtbeschreibung auch eine, die das eigene Leben spiegelt. Man kann die Stadt aber als unbestreitbar räumliches System begreifen und untersuchen: Form, Struktur, Element, oder als eine Sprache mit ihrer eigenen Grammatik, mit Bausteinen und größeren Raumgefügen. Wovon erzählt dann die Stadt? Das kann ein Handbuch auch heute zum Thema machen.

Die Stadt ist nichts Naturwüchsiges, sondern etwas Gemachtes: das kulturelle Artefakt, ja „das Menschliche schlechthin“ (Claude Lévi-Strauss).[3] Zu großen Teilen aber ist sie heute etwas Ererbtes, besonders in Europa. Insofern es kaum eine Stadt gibt, die unsere Generation neu erbaut hätte, ist die Stadt nur zum kleineren Teil unser Werk, zum größeren aber ein vorgefundenes, übernommenes. Oft ist von der Stadt als identitätsstiftend die Rede. Zunächst handelt es sich aber um die Identität der Vorfahren, nicht die eigene. Auch die traditionelle „europäische Stadt“ ist eigentlich schon etwas Fremdes, das erst durch seine Akzeptanz und Aufnahme in unsere Lebenswelt zum Eigenen wird – im guten Fall zu einer Heimat, die uns aus der Kindheit und aus der Geschichte vorbestimmt war, so wie die Sprache oder die Natur.

Die „europäische Stadt“[4], deren Architektonik dieses Handbuch gilt, ist eine Errungenschaft, die sich erst aus der Negation durch ihre modernen Varianten beziehungsweise Gegenbilder erkennen und schätzen lässt – so wie die Erde erst durch den Blick aus dem All anschaulich wurde. Diese Stadt ist ein Produkt der Kulturgeschichte. Obwohl sich darin vieles findet, was wir gelungen, ja bis heute gültig schätzen, ist nicht gesagt, dass wir es auch in ähnlicher Weise selbst hervorbringen könnten. Technisch schon. Auch davon lernen können wir natürlich. Aber die äußerliche Nachahmung bedeutet noch nicht, ein Werk in seinem Sinn zu erfassen. Deshalb ist die Rede von der europäischen Stadt ambivalent: Man kann sie, wie es Kritiker tun, als unproduktives Sehnsuchtsbild im

Rückspiegel einstufen, das auf dem schnellen Weg in die Zukunft bald verschwinden wird. Oder aber mehr pragmatisch als eine lange genug erprobte Bautypologie, an deren sozialräumlichen Qualitäten trotz aller Fortschritte nicht zu rütteln ist. Ein Handbuch kann dies offenlassen und als bekannt voraussetzen, dass bewährte Beispiellösungen („best practice") stets unter anderen Bedingungen entstanden sind, dass ihre Übertragung auf neue Situationen folglich immer die unsichere, aber oft gerechtfertigte Prämisse enthält, sie könnten sich auch dort bewähren.

Wenn José Luis Sert als Propagandist der CIAM zu dem Schluss kam, „Cities as we have known them in the past cannot survive"[5], so möchte man zunächst denken: Was für eine falsche, vorschnelle Diagnose. Bei genauerem Hinsehen stellt sich heraus, dass der Satz mit seiner Einschränkung „wie wir sie gekannt haben" gar nicht falsch ist. Zwar gingen Sert und nicht wenige seiner Architektenkollegen tatsächlich vom allmählichen Absterben (und Ersetzen) der alten Städte aus,[6] sie unterschätzten deren Anpassungsfähigkeit und die Wertschätzung, die sie damit immer wieder erfuhren. Dennoch gibt es keine Stadt in Europa, die so geblieben ist, wie jene Generation sie noch gekannt hat. Es waren die enormen Transformations- und Modernisierungsprozesse, die – äußerlich oft nicht sichtbar – die alten Städte und Häuser von vielen Fehlern und Mängeln befreiten, die die modernen Urbanisten für unheilbar hielten. Nicht lange nach diesem Verdikt trug Aldo Rossi mit seiner Funktionalismuskritik zu einer neuen Lesart der europäischen Stadt bei. Er löste das Stadtverständnis von der kapitalistischen und sozialistischen Fortschrittslogik, der das beständige und schnelle Veralten eingeschrieben ist. Dagegen setzte er seine Beobachtung von der Dauerhaftigkeit (Permanenz) der städtischen Elemente und vom komplexen Charakter ihres architektonischen Aufbaus nach innerarchitektonischen („autonomen") Gesichtspunkten. „Die formalen Werte der Stadtstruktur", schrieb er, „[wären] nur von kurzem Bestand, wenn die einzelnen städtebaulichen Phänomene aufgrund eines Funktionswechsels jedes Mal neu entstünden. Damit verlöre das Überdauern von Gebäuden und ihrer Gestalt seinen Sinn, und sogar die Überlieferung einer bestimmten Kultur, der die Stadt angehört, hätte keine Bedeutung mehr. Die Wirklichkeit aber sieht anders aus."[7]

Das Interesse der Öffentlichkeit an schönen, abwechslungsreichen, gut durchgebildeten Städten zu respektieren heißt auch, den Stadträumen und Bauwerken, die wir ererbt haben, das Zeitgebundene, die Möglichkeit des Unzeitgemäßen, ja des Befremdlichen zu belassen. Wenn ein Kritiker zur Verteidigung der klassischen Konzertkultur davon spricht, dass diese Musik „ein zuweilen fröhliches, aber im Zweifelsfall immer melancholisches Unterfangen" sei, „ein Aufbäumen des Augenblicks gegen die Geschichte, und das Unwahrscheinliche schlechthin",[8] so darf man den alten Städten eine ähnliche Funktion zubilligen, dazu aber auch eine gegenläufige: den Widerstand der Geschichte gegen die Flüchtigkeit der Zeit. In diesem Eindringen des Historischen in den Augenblick liegt ihr Reiz, deswegen suchen Menschen sie auf, mit Interesse, ja sogar mit Andacht, jenem Gefühl, das Alois Riegl als das eigentliche Motiv des modernen Menschen für das Bewahren der alten Städte benannt hat.

Mit dem Bewahren ist es aber nicht getan. Die Stadt will und muss weitergebaut werden. Nur kann das in Europa nicht mehr fortwährende Erweiterungen oder gar neue Stadtgründungen bedeuten. In den meisten Fällen geht es um das, was Otto Schilling schon 1921 in einem Buchtitel als „Innere Stadterweiterung" benannt hat. Steht den Erweiterungen „auf der grünen Wiese" eine unbegrenzte Vielfalt an Stadtbauoptionen zur Verfügung, so stellt das Bauen in und mit der bestehenden Stadt besondere Anforderungen. Eine Möglichkeit, diese Anforderungen im Rahmen einer erprobten und auch gesetzlich geregelten Praxis zu erfüllen, bietet der Ensemblebegriff des modernen Denkmalschutzes.

DAS STÄDTISCHE ENSEMBLE – EIN MODERNES KONZEPT[9]

Wer in ein großes raumzeitliches Gefüge eingreift, muss dessen Sinn und Regeln verstehen und berücksichtigen. Für denjenigen, der im Ensemble zu spielen weiß, lassen sich darin besondere Wirkungen erzielen, Zusammenklänge, wie sie dem Solisten nicht möglich sind. Der Vergleich mit der Musik ist hier keine bloße Metapher, er verweist auf analoge Strukturmerkmale. Denn was bezeichnen wir als Ensemble? Nicht irgendeine Ansammlung, sondern eine Gruppe von Menschen oder Sachen, die durch einen übergeordneten Aspekt verbunden sind. Wir kennen das Ensemble von Künstlern (Musik, Schauspiel) oder Kunstwerken, auch eine abgestimmte Kleiderkombination kann es sein. Einst bezeichnete man das Pferdegespann so, ein Team, bei dem es besonders auf das gute Zusammenwirken der Teile zum größeren Ganzen ankam. Das ist auch schon die beste Definition für das Ensemble: „Das Ganze ist mehr als die Summe seiner Teile." Der bekannte Satz aus Aristoteles' „Metaphysik" trifft auf die Symphoniker genauso zu wie auf viele alte Stadtbereiche, die als Ensembles folgerichtig in den Blick des Denkmalschutzes gerieten, als man ihre Gefährdung durch den Wandel städtischer Funktionsbedingungen kommen sah.

Das Konzept des Ensembles ist heute ein theoretisch begründeter und praktisch erprobter Teil des modernen Denkmalschutzes: die Bewahrung nicht nur des Einzelobjekts, sondern einer größeren Gesamtheit aus mehreren Teilen.[10] Der auf die Architektur bezogene Ensemblegedanke ist dennoch eine relativ junge Errungenschaft, die zunächst nicht aus dem Schutzgedanken erwuchs, sondern ihre Wurzeln in der Malerei, der Kunstwissenschaft und der Städtebautheorie hat. Bei der Herausbildung des Denkmalschutzes ging es nämlich lange Zeit vorwiegend um das herausragende Objekt, um das einzelne Bauwerk als Kunstwerk oder Träger historischer Bedeutungen. Erst nach und nach erkannte man, dass städtische Architekturen gerade im Zusammenwirken mit ihrem räumlichen Umfeld und in der Gruppe mit anderen Elementen besondere Qualitäten aufweisen können.

In der Geschichte des auf die Stadt bezogenen Ensemble(schutz)gedankens lassen sich zwei Konzepte parallel verfolgen: gestaltorientierte und funktionale.[11] Oft überlagern sie sich – wie bei jedem Stadtdenkmal.

Gestalt Die vermutlich ältere Wurzel liegt in der Entwicklung des malerischen Sehens. Sie geht zurück auf die Landschaftsmalerei des 18. Jahrhunderts, als dort, etwa in den Veduten Francesco Guardis, architektonische Staffagen zur Erzielung bestimmter Gesamtwirkungen auftauchten. In ähnlichem Sinne bemerkte Karl Friedrich Schinkel auf seiner Italienreise 1803/05 über die klassischen Monumente: „Allein der Anblick dieser Werke in der Natur hat etwas Überraschendes, was nicht sowohl von ihrer Größe, als von der malerischen Zusammenstellung kommt."[12] Die Entwicklung des malerischen Sehens führte im 19. Jahrhundert hin zum Impressionismus. Beim Umgang mit Baudenkmälern gab es jedoch die erwähnte gegenläufige Tendenz: Die Bewunderung, die den Meisterwerken des Altertums und hierzulande vor allem des Mittelalters galt (kaum deren bescheidenerem baulichem Umfeld), beförderte nämlich die Auffassung, dass ein Baudenkmal, wie ein Standbild auf dem Platz, gerade in der Isolierung am besten zur Geltung komme.[13] Die Freistellung der Monumente aus ihrem städtebaulichen Kontext wurde allgemeine Praxis, oft in Verbindung mit der Entfestigung und der aufkommenden Stadtsanierung und Verkehrsregulierung.

Aus der Kritik an dieser Praxis entstand die moderne Sicht auf die größeren Zusammenhänge in Stadt und Landschaft. Heinrich Wölfflin hat 1888 vom „Malerischen Bild des Ganzen" gesprochen. Unter dem gestaltpsychologischen Gesichtspunkt der Ganzheitlichkeit stand dann auch die Entdeckung des Ensembles. Der Wiener Architekt Camillo Sitte verwendet den Begriff erstmals 1889 in seinem Buch „Der Städtebau nach seinen künstlerischen Grundsätzen". Nach einer Analyse bedeutender städtebaulicher Raumschöpfungen kritisiert er die Praxis, Bauwerke ohne Zusammenhang wie lauter Einzelmonumente zu behandeln. Zu der in einem undefinierten Stadtraum stehenden Votivkirche schreibt er: „Von der Geschlossenheit eines künstlerischen Eindruckes kann da keine Rede sein. […] Statt sich gegenseitig durch geschickte Aufstellung und auch Zusammenstimmung im Effekte zu heben, spielt jedes Bauwerk gleichsam eine andere Melodie in anderer Tonart. […] Wie soll denn da eine künstlerisch abgerundete Platzwirkung zustande kommen, wenn jeder Architekt selbstgefällig nur darauf ausgeht, die Werke seiner Nachbarn in Schatten zu stellen und nach Möglichkeit um ihre Wirkung zu bringen. Derlei muss das Ensemble eines Platzes so zerstören, wie im Drama die Wirkung einer großen Szene vernichtet wird, wenn die Träger der zweiten und dritten Rollen vordringlich die ersten sein wollen."[14] Aus seiner Kritik erwächst die Ermahnung, das städtische Element besser dem Ganzen unterzuordnen. Die folgende Wende im Städtebau führte dann dazu, dass in der Ablehnung schematischer ‚Regulierungen' zunehmend auch alte Orts- und Straßenbilder als schutzwürdig erkannt wurden. Das preußische „Gesetz gegen die Verunstaltung von Ortschaften und landschaftlich hervorragenden Gegenden" (1907) steht am Beginn einer Gesetzgebung, die zunächst auf diese malerischen, anschaulichen Aspekte denkmalwürdiger Zusammenhänge zielte, weniger auf deren historische Bedeutung. Forciert wurde dieses noch etwas einseitige Erhaltungsanliegen durch die Beiträge der Heimatschutzbewegung.

Funktion Neben diesem ästhetisch und gestaltpsychologisch begründeten Ansatz, bei dem es um Raumwirkungen geht, trat eine analytische Sicht auf die Stadt als ein räumlich-strukturelles Gebilde, in dessen Aufbau sich die kollektive Geschichte abbildet. Beim Tag für Denkmalpflege 1905 in Bamberg wurde erstmals der Grundriss der Stadt als Denkmal bezeichnet: „Wenn ich um meine Meinung befragt würde, welchem ‚Denkmal' einer beliebigen Stadt […] seiner ganzen geschichtlichen Bedeutung nach der Platz an erster Stelle gebührt, so würde ich ohne weiteres Besinnen sagen: dem Grundriss der Stadt mit dem Lauf ihrer Straßen, der Lage und Gestalt ihrer Plätze, dem Zuge der Stadtmauern."[15]

Diese zweite Traditionslinie des Ensemblegedankens würdigt die funktionalen Zusammenhänge größerer Baugruppen und ihre historische Bedeutung. Quartiere stellen in ihren Strukturen oft die anschaulichsten sozialtopografischen Zeugnisse der Stadtgeschichte dar – in Bamberg, einer der besterhaltenen Städte Deutschlands, etwa die drei Bereiche Domstadt, Inselstadt und Gärtnerstadt. Auch im kleineren Maßstab leuchtet es ein, dass zum Ensemble eines Stadtplatzes nicht nur dessen Randbebauung, sondern weitere, funktional wichtige Bestandteile gehören wie Treppenanlagen, gliedernde Elemente, Brunnen und Bildwerke, die alte Waage oder bestimmte Bodenreliefs.

Ganzheit und Ortsbezug Beide Linien münden in den komplexen Ensemblebegriff der modernen Denkmalpflege, wie ihn Georg

Dehio 1908 als Erster für eine ganze Stadt angedeutet hat: „Die bevorzugte Wertschätzung Rothenburgs beruht nicht auf ungewöhnlicher Fülle oder Bedeutung einzelner Denkmäler: Die ganze Stadt ist Denkmal."[16] Zum Aspekt der Ganzheit trat der Ortsbezug der Stadt, ihr lokaler Kontext als ein größerer Wirkungsraum. Offizielle Anerkennung fand diese Konzeption in der österreichischen und französischen Gesetzgebung der Zwischenkriegszeit,[17] später in der französischen „Loi Malraux" (1962) mit der Schutzkategorie des „secteur sauvegardé" und bald darauf in der Charta von Venedig (1964), die das Ensemble gleichwertig neben das klassische Einzelmonument rückte. Ab 1970 übernahmen die deutschen Denkmalschutzgesetze den Begriff. Die Wahrnehmungsperspektive wurde auf den Kontext und die „Zusammenordnung mehrerer Bauwerke" ausgedehnt.[18] Die „Standortbeziehungen [wurden] zentraler Gegenstand der Denkmälerinventarisation", die vom additiven Prinzip des Corpus zur Denkmaltopografie gereift war.[19]

EINHEITSSTIFTENDES MOMENT

Um den Sinn eines (alten oder neuen) Ensembles zu verstehen, müssen wir dessen verbindendes Prinzip erfassen, jene Charakteristik und Ordnung, in welche die einzelnen Teile sich einfügen. Dieses einheitsstiftende Moment muss nicht primär architektonischer, gar stadtbaukünstlerischer Natur sein. Es ist – da wir von materiellen, nicht konzeptionellen Artefakten sprechen – dennoch gestalthaft[20] präsent und damit für das Weiterbauen relevant. Denn auch funktionale und soziale Ordnungen und Prozesse finden in der Stadt ihren baulichen Ausdruck.[21]

Gemäß dem erwähnten Gestaltgesetz ist die Aussage eines Ensembles größer als die Summe seiner Teile, etwa so, wie die Aussage eines Bildes mehr ist als die Summe seiner Pinselstriche.[22] Das besondere Charakteristikum des städtischen Ensembles liegt folglich in Qualitäten, die über die Summe der Einzelbauten hinausreichen, also in den einheitsstiftenden Merkmalen. Sie lassen sich unterschiedlichen Ebenen zuordnen. Oft tritt das verbindende Moment bereits im Gesamtaufbau als markantes Bild in Erscheinung wie bei einer Stadtsilhouette oder einer Platzanlage. Manchmal ist die Einheit schon substanziell in den Teilen begründet, im Sinne eines charakteristischen Vokabulars der Stadt, mit wiederkehrenden Bauformen, Materialien oder Architekturdetails. Das einheitsstiftende Prinzip kann aber auch im strukturellen Aufbau liegen, in den sinnvoll geregelten Beziehungen der Teile zueinander. Das Einzelelement – ein Haus, ein Mauerzug – kann dabei schlicht oder sogar banal sein, erst im funktionalen oder räumlichen Zusammenhang entsteht das eigentliche „Werk". Auch beim Bauwerk ist nicht der Ziegelstein für sich bedeutend, wohl aber das hiermit errichtete Gefüge, im Roman sind es nicht die einzelnen Wörter, die der Erzählung Sinn geben, sondern ihre semantische und syntaktische Folge; und nicht der Ton als solcher macht die Musik, sondern Melodie, Rhythmus, Zusammenklang. Beim städtischen Ensemble sind es die differenzierten Strukturen mit ihrer räumlichen und zeitlichen Schichtung des Bestandes, in denen die Stadtgeschichte zu einer komplexen und doch anschaulichen Gestalt verdichtet ist.

Nun lässt sich ein großes, lebendiges Gebilde wie ein Stadtensemble nicht planen und auch nicht erhalten wie ein einzelnes Bauwerk oder gar ein abgeschlossenes Kunstwerk. Es hat und hatte immer zahlreiche mitwirkende Autoren und es unterliegt, einmal geschaffen, dem ständigen Wandel. Und doch soll es, wenn es sich bewährt hat, als ein sinnvolles Ganzes bewahrt und im Weiteren als ein solches entwickelt werden. Das muss kein Widerspruch sein. Hier geht es um einen Prozess der Gestaltfindung als Ausdruck guter Koexistenz und im Weiteren um eine sanfte Veränderung, eine verträgliche Einpassung unter Wahrung der Identität – ein Vorgang, wie er aus vielen Bereichen, etwa vom biologischen Stoffwechsel, bekannt ist. In der Stadt, der ihre Bewohner einen Wert zumessen, bedeutet das die Fortschreibung unter Bewahrung der charakteristischen Merkmale und ihres Zeugnispotenzials.

REGELN UND SPIELRÄUME

Wie lässt sich eine erfolgreiche Einfügung, die den Zusammenhalt des Ensembles nicht beeinträchtigt, erreichen? Um die Verträglichkeit eines Eingriffs oder einer Erweiterung prüfen zu können, bedarf es der Beurteilungskriterien. Es sollte, auch wenn dabei Urteilskraft und Einfühlungsvermögen gefragt sind, keine Geschmackssache sein. Nun ist es nicht leicht, architektonisch-städtebauliche Merkmale so weit zu abstrahieren, dass sie nicht zeitbedingt sind, sondern die Prüfung der Passfähigkeit, möglichst frei von momentanen, gar individuellen ästhetischen Vorlieben erlauben. Hier liefert die Wahrnehmungslehre Erfahrungswerte, wie einzelne Elemente sich zu markanten Gestalten beziehungsweise Figuren oder eben zu anschaulichen städtebaulichen Ensembles formieren: Die Homogenität der Teile (Ähnlichkeit beziehungsweise Wiederholung) ist nur eine der Möglichkeiten. Andere, wie die topologischen Beziehungen von Nähe, Kontinuität (Reihung) und Geschlossenheit (Rahmung), können auch kontrastierende Elemente – wie die Kirche im Dorf – als integrale Teile eines Ganzen wirken lassen. Viele Stadtanalysen operieren mit diesen Kriterien.[23] Sie sind für das strukturelle Verständnis städtebaulicher Zusammenhänge unverzichtbar, doch beschreiben sie jeweils synchrone Zustände oder bestenfalls ein simples Vorher-Nachher. Darin unterscheidet sich die typologisch-morphologische Betrachtung der Stadt.[24] Ihr geht es darum, die Beziehungen der städtischen Elemente auch in einer diachronen Dimension zu untersuchen, also den dynamischen Aspekt der historischen Kontinuität einzubeziehen. Eine andere, bis heute einleuchtende und stringente Weise, den Aufbau der Stadt zu erklären, entwickelte der Münchner Architekt Helmut Gebhard (1926–2015) in seiner wenig bekannten Schrift „System, Element und Struktur in Kernbereichen alter Städte" (1969). Er hat gezeigt, wie die gebaute Stadt sich als ein räumliches System begreifen lässt, das nach verbindlichen Regeln strukturiert ist, innerhalb derer die einzelnen Elemente (Bauten) freier behandelt und auch verändert werden können, ohne dass das System als Ganzes gefährdet wird.

Jedes funktionierende Stadtensemble stellt ein solches System dar. Seine meist über lange Zeit wirksamen Merkmale zeigen sich, wie wir gesehen haben, weniger in den einzelnen Elementen als in der räumlichen und baulichen Struktur der Stadt, ihrer Morphologie und Typologie, das heißt im Straßen- und Raumgefüge, in der Parzellierung und den Erschließungsmustern, im Rhythmus, in der Dichte und der Mischung ihrer Bestandteile, schließlich in den Beziehungen des Baugefüges zu den topografischen Gegebenheiten.[25] Für das Weiterbauen in einem Stadtensemble ist also vor allem das Verständnis seiner strukturellen Merkmale von Bedeutung. Sie sind gestaltbildend und dauerhafter als die einzelnen Elemente, die innerhalb gewisser Grenzen austauschbar sind. In der Zeit handwerklicher Baukultur war dieser Austausch die Regel – man spricht in diesem dynamischen Sinn ja auch von ‚Stadtorganismus' –, ohne dass die Stadt als Ganzes dabei Schaden gelitten hätte. In unserer industriell geprägten Epoche, die den Austausch sehr viel radikaler und schneller vollziehen kann, ist der Gestaltwert des Ganzen aber auch an die möglichst weitgehende Schonung der Teile gebunden. Die Praxis der Flächensanierung hat vor Augen geführt (und tut es anderswo bis heute), dass dabei mehr verloren geht als die Summe der beseitigten Häuser. Das

gleiche Erfordernis – nicht ganze Strukturen preiszugeben, sondern im Weiterbauen zu absorbieren – gilt ebenso für die meisten jüngeren Bestände. Auch bei ihnen treffen sich die Gebote der gestalt- und sozialverträglichen, qualifizierenden Fortschreibung mit denen der substanzschonenden Nachhaltigkeit.

DIALOG

Architektur ist unter anderem eine Sprache mit eigenen Gesetzmäßigkeiten (Grammatik) und Elementen. Architektursprachen haben sich über lange Zeit entwickelt und trotz aller Fortschritte ein hohes Maß an Verbindlichkeit erreicht, so dass sie allgemein verständlich gewesen sind. Sprache braucht Vereinbarungen, um verstanden zu werden. Wie in der verbalen Kommunikation gab und gibt es in der Architektur Hochsprachen und einfachere Idiome, die je nach Ort und Bauaufgabe eingesetzt werden können. Die Schwierigkeit liegt heute darin, dass die tradierten Sprachen der Architektur sich in unzählige, für Uneingeweihte kaum verständliche Dialekte, Jargons und Codes aufgelöst haben. Diese Vielfalt verschiedener Architektursprachen ist nicht zufällig, sie spiegelt die Pluralität moderner Gesellschaften, die Unterschiedlichkeit von Lebensweisen, Bauaufgaben und Architekturauffassungen wider.[26] Was für die Architektur gilt, trifft auf die Stadt nicht weniger zu. Auch hier ist die Verbindlichkeit der über Jahrhunderte entwickelten Sprachen des Urbanen einer kaum überschaubaren Vielfalt und Unverbindlichkeit posturbaner Artikulierungsversuche gewichen. „Was dabei draufgeht," schreibt Vittorio Magnago Lampugnani, „ist nichts weniger als die Stadt. Zunehmend verkommt sie zum Sammelsurium von Kuriositäten, die sich über all das hinwegsetzen, was baulich den Ausdruck einer Gemeinschaft ausmacht. Der unerhörten Attacke der Gegenwartsarchitektur widerstehen unsere Städte nur deswegen, weil sie über eine so umfangreiche und großartige historische Substanz verfügen. Sie fängt die Angriffe der autistischen Eindringlinge gelassen auf, und an ihr hängt die moderne Stadt wie ein wuchernder Schmarotzer. Doch aus der Addition von Einzelobjekten, selbst von schönen und poetischen, entsteht keine Stadt."[27]

Der Verlust einheitlicher Sprachregeln hat manche zu der Schlussfolgerung geführt, jeder könne seine eigene Architektursprache erfinden und wie ein persönliches Markenzeichen gebrauchen – auch im städtischen Ensemble. Eine im Sinne des kommunikativen Handelns viel schlüssigere Folgerung ist aber, dass Architekten in der Lage sein müssen, unterschiedliche Architektursprachen und städtische Ordnungen zu verstehen und in ihren Entwürfen anzuwenden. Diese Anwendung ist keine direkte Übernahme des Vorhandenen, sie kann sich nicht auf bloßes Kopieren beziehungsweise Collagieren überlieferter Elemente beschränken. Vielmehr geht es um eine komplexe Übersetzungsarbeit, um die Abwandlung eines bestehenden Vokabulars, so dass neue, zeitgemäße Aussagen möglich werden, die zugleich mit dem Bestehenden korrespondieren. Weil für die Stadt die struktur- und gestaltbildenden Beziehungen zwischen den Baukörpern langfristig bedeutender sind als die Architektursprache im Detail, kann ein sinnvoll eingepasster Neubau im Ausdruck immer Neues erproben. Solange er die strukturellen Regeln der Stadt beachtet, wird sich die mögliche Irritation über eine neuartige bauliche „Vokabel" mit der Zeit legen, so wie bei unzähligen Einfügungen des 18. Jahrhunderts in ältere Stadtbereiche. Gleichwohl sollte es auch aus architektonischer und städtebaulicher Sicht das erste Ziel sein, trotz aller gebotenen Unterschiede eine formale, nicht nur abstrakt-konzeptionelle Verbindung zwischen einem bewährten Bestand und seiner Ergänzung zu erreichen. Nicht der zurückweisende Widerspruch oder die unverständliche Geste der Verweigerung ist gefragt, sondern der sprachkundige, verständige Dialog.

DIE STADT ALS ENSEMBLE

ANMERKUNGEN

[1] Gottfried Semper 1803–1879, Wissenschaftliches Kolloquium an der TU Dresden, Dresden 1979, S. 9.

[2] Bruno Reichlin, zit. n. Henrike Schoper, „Ich aber bin entstellt vor Ähnlichkeit". Aldo Rossi und die città analoga. Eine Theoriesuche, Diss. TU Dresden 2016, S. 334.

[3] Traurige Tropen, Köln 1955, S. 83, zit. n. Aldo Rossi, Die Architektur der Stadt, Düsseldorf: Bertelsmann Fachverlag, 1973, S. 23.

[4] Den noch jungen Begriff will ich hier nicht diskutieren, sondern in seiner programmatischen Lesart verwenden, wie er insbesondere in der „LEIPZIG CHARTA zur nachhaltigen europäischen Stadt" (2007) intendiert und autorisiert ist – als eine Verständigung über ein gemeinsames europäisches Leitbild zur Stadtentwicklung. Es wendet sich gegen einseitige Besitzansprüche und die räumliche Trennung von Einzelfunktionen und -interessen; es fordert die Integration benachteiligter Stadtteile; es betont die besondere Bedeutung der historischen Innenstädte, deren Kompaktheit als modellhafter Beitrag zur nachhaltigen, flächen- und klimaschonenden Stadtentwicklung gesehen wird; und es unterstreicht die Bedeutung gestalterisch anspruchsvoller öffentlicher Räume. Diese Lesart des Begriffs „europäische Stadt" legt es nahe, eher an „reife Städte" (UNESCO-Konferenz „Urban 21", Berlin 2000) zu denken als an die jüngeren, funktionalistisch konzipierten Siedlungen, City- und Gewerbezentren, Stadtlandschaften und Agglomerationen („Zwischenstadt"). Die Kritik an dieser stadtpolitischen (nicht analytischen) Lesart als verklärendes Idealbild ist verständlich, ebenso wie die oft angemahnte Erweiterung auf die ebenfalls europäischen Stadtmodelle der Moderne. Diese Erweiterung würde aber genau jene Differenz verwischen, auf der die Karriere des Begriffs beruht. Sie würde ihn neutralisieren. Er sollte einen Stadttypus benennen und bekräftigen, der als gemeinsames Erbe, soziokulturelles Kapital und städtebauliche Agenda Europas darstellbar ist, sich jedoch von anderen „posteuropäischen" und außereuropäischen Stadttypen unterscheidet. Letzteres aber trifft auf moderne Stadtstrukturen (und deren ebenfalls verklärte Idealtypen) weit weniger zu. – Zur Einordnung und Kritik vgl. Walter Siebel (Hg.), Die europäische Stadt, Suhrkamp: Frankfurt/M., 2004; Stephan Lanz, Mythos europäische Stadt – Fallstricke aktueller Rettungsversuche, in: Wolf-Dietrich Bukow, Erol Yildiz (Hg.), Der Umgang mit der Stadtgesellschaft. Ist die multikulturelle Stadt gescheitert oder wird sie zu einem Erfolgsmodell?, Interkulturelle Studien 11, VS Verlag für Sozialwissenschaften: Opladen, 2002, S. 63–80; Dirk Schubert, Mythos „europäische Stadt". Zur erforderlichen Kontextualisierung eines umstrittenen Begriffs, in: Die alte Stadt 28 (2001), 4, S. 270–290; Max Dudler, Zeitlose Gebäude schaffen. Von Fugen, Platten und der europäischen Stadt, in: Der Architekt 2 (2013), S. 49–53; Folkert Kiepe, Die Europäische Stadt – Auslaufmodell oder Kulturgut oder Kernelement der Europäischen Union?, in: Symposium zur Stadtentwicklung, Deutscher Städtetag, 07.05.2007 in Köln.

[5] José Luis Sert, Can our Cities survive? An ABC of Urban Problems, Their Analysis, Their Solutions, Harvard University Press: Cambridge, Mass./London, 1942, Introduction.

[6] Der Buchtitel hieß zunächst „Should our cities survive?", wurde aber vom Verlag geändert. Vgl. Eric Mumford, The CIAM Discourse on Urbanism, 1928–1960, MIT Press: Cambridge, Mass./London, 2002, S. 134.

[7] Quaderni azzurri 2, 22.03.1969, zit. n. Schoper 2016, S. 275.

[8] Thomas Steinfeld, Der schöne Augenblick. Wie schlimm ist es, wenn das Klassikpublikum schwindet?, in: Süddeutsche Zeitung, 04.03.2010.

[9] Teile des folgenden Abschnitts sind in anderer Form erschienen in Thomas Will, Kunst des Bewahrens. Denkmalpflege, Architektur und Städtebau, Reimer: Berlin, 2019.

[10] Grundlegend dazu: Tilmann Breuer, Ensemble. Konzeption und Problematik eines Begriffes des Bayerischen Denkmalschutzgesetzes, in: Deutsche Kunst und Denkmalpflege 34 (1976), Nr. 1–2, S. 21–38.

[11] Breuer 1976, S. 24.

[12] Alfred Frh. v. Wolzogen, Aus Schinkel's Nachlaß, Bd. 1, Verl. d. Königl. Geheimen Ober-Hofbuchdruckerei: Berlin, 1862, S. 166.

[13] Breuer 1976, S. 21.

[14] Camillo Sitte, Der Städtebau nach seinen künstlerischen Grundsätzen (1889), Birkhäuser: Basel/Boston/Berlin, 2001, S. 163f.

[15] Meier-Braunschweig, Über die Erhaltung alter Straßennamen, in: Adolf von Oechelhaeuser (Hg.), Denkmalpflege. Auszug aus den stenographischen Berichten des Tages für Denkmalpflege, Leipzig, 1910, S. 387.

[16] Zit. n. Breuer 1976, S. 23.

[17] Tilmann Breuer, Denkmälertopographie in der Bundesrepublik, in: Eine Zukunft für unsere Vergangenheit. Denkmalschutz und Denkmalpflege in der Bundesrepublik Deutschland, Prestel: München, 1975, S. 139–147, hier S. 141.

[18] Die Öffnung des objektzentrierten Denkmalbegriffs hin zum schützenswerten, ambientalen Zusammenspiel anonymer Bauten und Baugruppen hat ihre Parallele in der Bildenden Kunst, wo das „Ambiente" zu einer zentralen künstlerischen Konzeption wurde, auch als Versuch, die Kunstproduktion ihrer Vermarktung in der Warenwelt zu entziehen.

[19] Breuer 1975, S. 141f.

[20] Ich verwende den Begriff mangels eines besseren Äquivalents in seinem ursprünglichen, physiologisch-wahrnehmungstheoretischen Sinn (Goethe, Arnheim), obgleich er, wie der verwandte Begriff der Ganzheit, im Deutschen eine belastete Vergangenheit hat. Vgl. Daniela Bohde, Gestalt, in: Kritische Berichte 3 (2007), S. 67–72.

[21] Die bauliche Gestalt eines Ensembles muss nicht nach ästhetischen Kriterien „gestaltet" sein. Sie ist aber physisch wahrnehmbar, anders als zum Beispiel eine nur noch abstrakt begreifbare urbane Agglomeration oder eine Kulturlandschaft. Man kann hier an die „lebenstüchtige Stadt" des Aristoteles erinnern, für die er ein wohlüberschaubares (ευσυνόπτος) Gelände entwarf (vgl. Bernhard Waldenfels, Der Stachel des Fremden, Suhrkamp: Frankfurt/M., 2013, S. 248). Der Zeugnis- und Identifikationswert des Ensembles wird in der geregelten Praxis des Denkmalschutzes der konkreten, gestalthaft überlieferten Anordnung zuerkannt, nicht einem immateriellen Konzept. Das verbindet das Ensemble als Gegenstand der Denkmalpflege – einer historisch arbeitenden Disziplin – mit dem Ensemble als einer städtebaulich-architektonischen Kategorie.

[22] Wahrnehmungstheoretisch handelt es sich um das Phänomen der „Übersumme" (nach W. Ehrenfels).

[23] Vgl. z. B. die Studien Fumihiko Makis, als Übersicht zuletzt Daniel Kiss/Simon Kretz (Hg.), Relational Theories of Urban Form, Birkhäuser: Zürich, 2016, S. 124–169.

[24] Die Forschungsrichtung ist unter diesen Schlüsselwörtern eingeführt, auch wenn es exakter wäre, von einer „Architektonik" der Stadt zu sprechen. Aus der umfangreichen Literatur grundlegend: Sylvain Malfroy/Gianfranco Caniggia (Hg.), Die morphologische Betrachtungsweise von Stadt und Territorium, Triest Verlag: Zürich, 1986.

[25] Für den Bezug zur Topografie grundlegend Tomáš Valena, Stadt und Topographie, Ernst & Sohn: Berlin, 1990 und ders., Beziehungen. Über den Ortsbezug in der Architektur, Ernst & Sohn: Berlin 1994.

[26] Vgl. Ivan Reimann/Thomas Will, Übersetzungsfragen – ein architektonisches Sprachlabor, TU Dresden, 2012.

[27] Gesten ohne Sinngehalt, in: Neue Zürcher Zeitung, 05.11.2011.

BEISPIELE VON STADT-STRUKTUREN ALS ANLEITUNG ZUM ENTWURF

Die im Folgenden abgebildeten neun Städte verdeutlichen, wie unterschiedlich Stadtstrukturen angelegt sein können und in welcher Vielfalt sie durch Bautypologien oder aber auch nur durch die Einheitlichkeit ihrer Häuser in Farbe und Material als Ensemble in Erscheinung treten. Wann immer wir diese Städte besuchen, sind wir begeistert von der Schönheit ihrer öffentlichen Räume, die von den Platz- und Straßenfassaden der einzelnen Häuser geprägt werden. **Man darf sich aber nicht von der Schönheit der Fassaden täuschen lassen. Ihr architektonischer Charakter ist zwar ein wesentlicher Aspekt stadträumlicher Gestaltung, weil die Hausfassaden den dreidimensionalen Raum überhaupt erst bilden**

und seine Anmutung durch Farbe, Material und Proportion entwickeln. Grundlage für den wohnlichen Charakter eines jeden Stadtraums ist aber das Anlegen einer Stadtstruktur. Sie stellt den städtebaulichen Entwurf dar und ist über den Bebauungsplan festzulegen. Die Stadtstruktur entwickelt die Abfolge der Straßen- und Platzräume und ist damit die konzeptionelle Grundlage neuer Stadtquartiere. Mit den sich anschließenden Beispielen wird der Versuch unternommen, einige Charakteristika herauszuarbeiten, um diese beispielhaft für den Entwurf von neuen Stadtquartieren nutzen zu können. Deutlich wird dabei, dass selbst einfache Stadtstrukturen, wie ein Raster oder eine Wegekreuzung, vorbildliche Stadträume entwickeln können, wenn Planung und Architektur als Einheit verstanden werden.

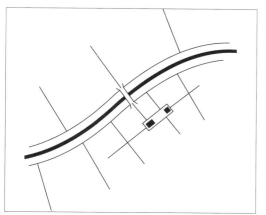

STADT AM FLUSS

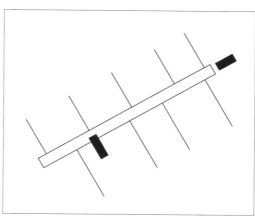

STADT AM STRASSENPLATZ

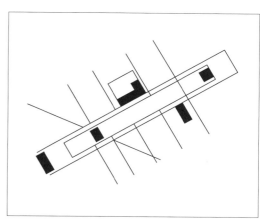

STADT AN DER STRASSENSPANGE

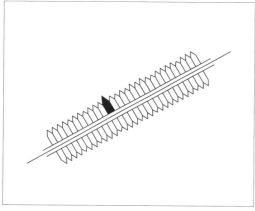

STADT DER HAUSTYPEN

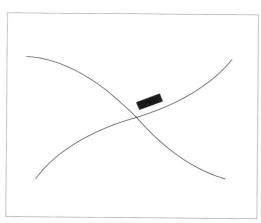

STADT AM WEGEKREUZ

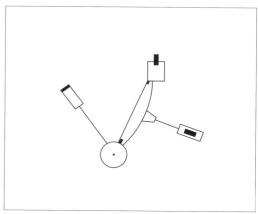

STADT DER PLATZFOLGEN

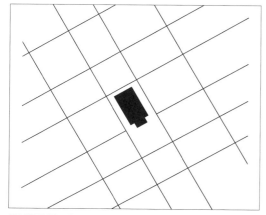

STADT IM STRASSENRASTER

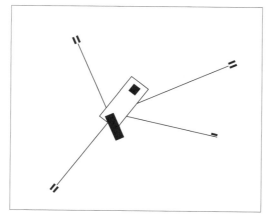

STADT DER TORE

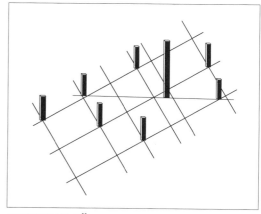

STADT DER TÜRME

DINKELSBÜHL

Die Altstadt stellt einen spätmittelalterlichen Ort dar, dessen Zentrum durch zwei sich kreuzende damalige Fernhandelswege entstanden ist. Im Schnittpunkt beider Straßen befindet sich der zentrale Platz des Ortes mit der Stadtkirche und ihrem weithin sichtbaren Turm. **Die einfache Stadtstruktur mit dem im Zentrum liegenden öffentlichen Gebäude an zwei sich kreuzenden Straßen ist Beispiel für die Entwicklung eines Stadtviertels. Grundvoraussetzung für die Einfachheit dieser Stadtstruktur ist der architektonische Entwurf des Stadtraums an den beiden sich kreuzenden Straßen.**

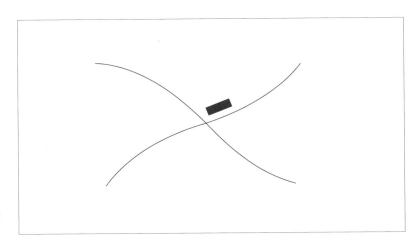

0   50   100   200   300   400   500

Wörnitz

GREIFSWALD

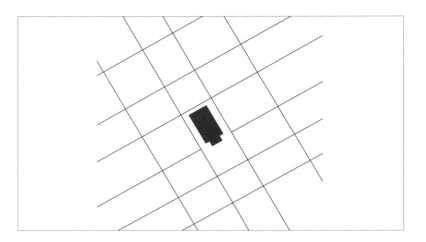

Greifswald ist im Schnittpunkt zweier ehemaliger Handelsstraßen in Form eines Straßenrasters angelegt. Die regelmäßigen Blockrandbebauungen entfallen dort, wo Platzräume angelegt sind, an denen öffentliche Gebäude (Kirchen und das Rathaus) errichtet werden. **Die Rasterstruktur als Grundlage eines Stadtviertels lebt von ihrer Dichte, den kleinteiligen Fassaden, der Mischnutzung in den Höfen und den aus dem Raster ausgeschnittenen Platzräumen für öffentliche Gebäude. Damit ist Greifswald Vorbild für Neuplanungen.**

Ryck

HEIDELBERG

Die lineare Stadtstruktur der Altstadt von Heidelberg entwickelt sich aus dem schmalen Landstreifen zwischen dem steil ansteigenden Königsstuhl mit dem Heidelberger Schloss und dem Ufer des Neckars. Der öffentliche Platz mit Kirche und Rathaus liegt auch hier am Kreuzungspunkt zweier Straßen, von der eine zur alten Neckarbrücke führt. **Beispielhaft ist die Parallelführung der Bebauung entlang eines Gewässers, das, im Fall eines kleinen Bachs etwa, zu einem attraktiven, landschaftlich geprägten Quartiersraum werden kann.**

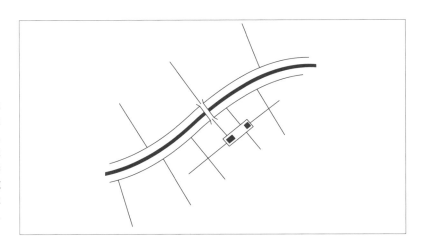

Neckar

LANDSHUT

Das Zentrum der Altstadt von Landshut wird durch einen Straßenplatz gebildet, an den ursprünglich alle öffentlichen Gebäude der Stadt gelegt wurden (Straßenräume). **Die Straße ist mehr als einen halben Kilometer lang und hat eine Breite von fast 30 Metern. Das städtebauliche Prinzip ist das einer besonders breiten, repräsentativen Straße, die,** zentral in einem Stadtquartier angelegt, alle öffentlichen Gebäude aufnimmt. Bei der Planung ist besonders auf Material und Typus der die Straße begleitenden Häuser zu achten.

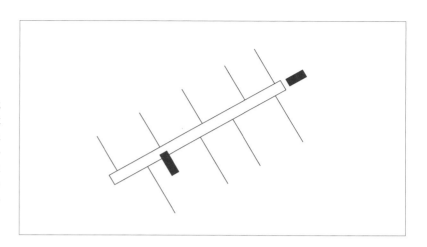

Kleine Isar

Isar

LÜBECK

Die Altstadt durchzieht eine Straßenspange, an der die öffentlichen Gebäude Lübecks verortet und von der alle Straßen der Stadt erschlossen sind. **Über die Differenzierung der Raumbreiten von Straßenspange und Seitenstraßen entsteht ein zentrales Erschließungssystem, das in der Planung eines Stadtquartiers Verwendung finden kann** und mit der Errichtung von öffentlichen Gebäuden zum Zentrum des neuen Ortes wird. Werden diese Gebäude zwischen die Straßenspange gelegt, erhöht sich ihre stadträumliche Repräsentanz.

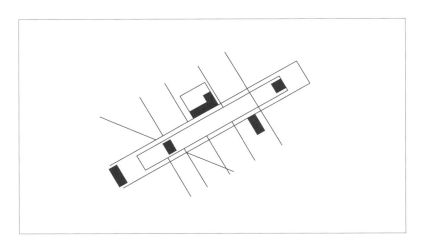

Stadtgraben

Trave

Wakenitz

MÜNSTER

Die repräsentative stadträumliche Geschlossenheit des Prinzipalmarkts in Münster beruht auf der Wiederholung eines einheitlichen Haustyps. Die um den Domhügel gelegte, leicht gekrümmte Straße ist von Giebelhäusern geprägt, die sich mit Arkaden in den öffentlichen Straßenraum öffnen. **Wie im Beispiel zu sehen, lässt sich die Bildung eines Stadtquartierzentrums über die Reihung eines (Wohn-)Haustyps entwickeln. Bei einheitlicher Materialwahl in den Straßenfassaden kann jedes einzelne Haus im Detail individuell gestaltet sein.**

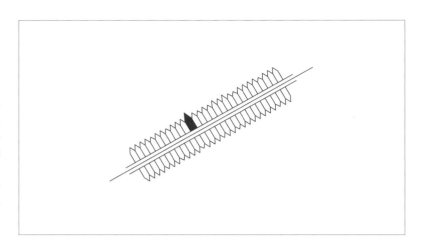

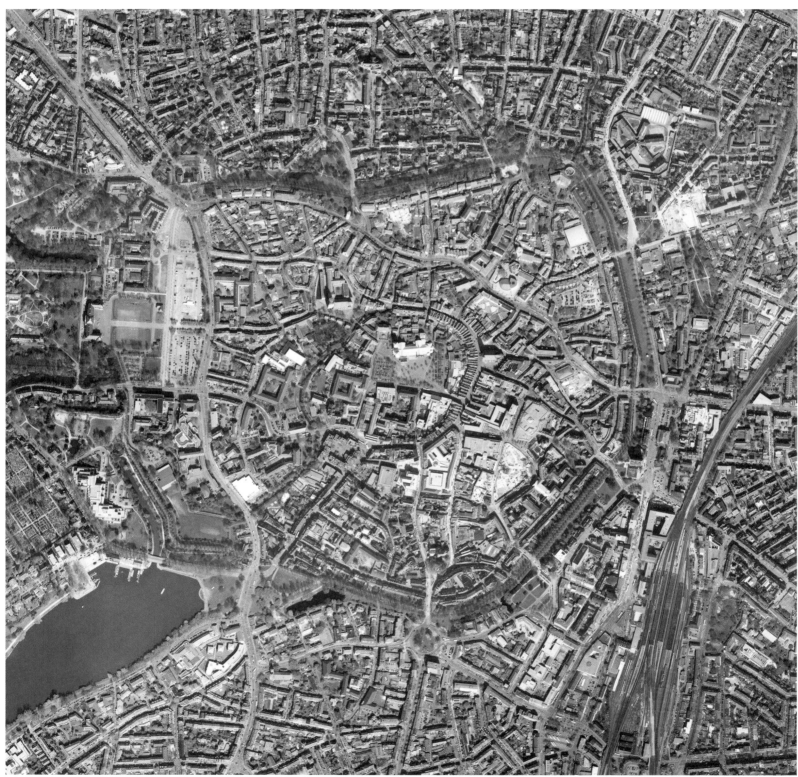

0   50   100   200   300   400   500

NÖRDLINGEN

Hinter fünf Stadttoren einer Stadtmauer führen die Hauptverkehrs-
straßen in das Zentrum der alten Stadt Nördlingen. Als Stadttürme
errichtet, sind die Tore schon von Weitem erkennbar. **Im Entwurf der
Stadtstruktur eines Quartiers können erhöhte (Wohn-)Gebäude,
die an den Beginn einer zum Zentrum führenden Einfahrtstraße
gesetzt sind, wie Tore Orientierung im stadträumlichen Gefüge
bieten. Eine einheitliche Materialwahl und Farbgebung stärkt die
städtebauliche Gestalt im Gefüge des Quartiers ebenso wie die
Pflanzung einer die Einfahrtstraße begleitenden Allee.**

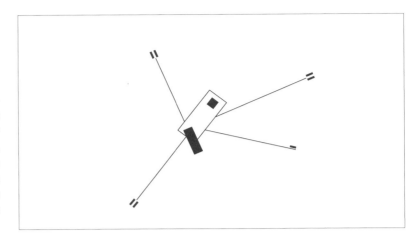

REGENSBURG

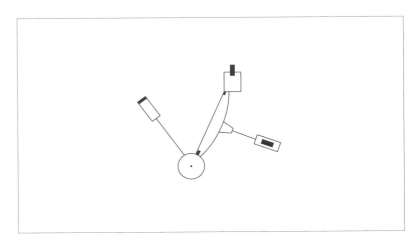

In Regensburg ist die stadträumliche Abfolge von Enge und Weite, von Gasse und Platz besonders beeindruckend. An den in ihrer Form äußerst unterschiedlichen Platzräumen stehen die öffentlichen Gebäude der Stadt: Dom, Kirchen, Rathaus, Theater usw. **Großflächige Quartiersentwicklungen sollten mit Plätzen unterschiedlichster Form und Funktion versehen sein** (Platzräume). Schulen, Kindergärten, U-Bahn-Stationen usw. übernehmen dabei die öffentliche Funktion am jeweiligen Platz. Um Platzfolgen räumlich erfahrbar zu machen, benötigen sie möglichst geschlossene Bauformen.

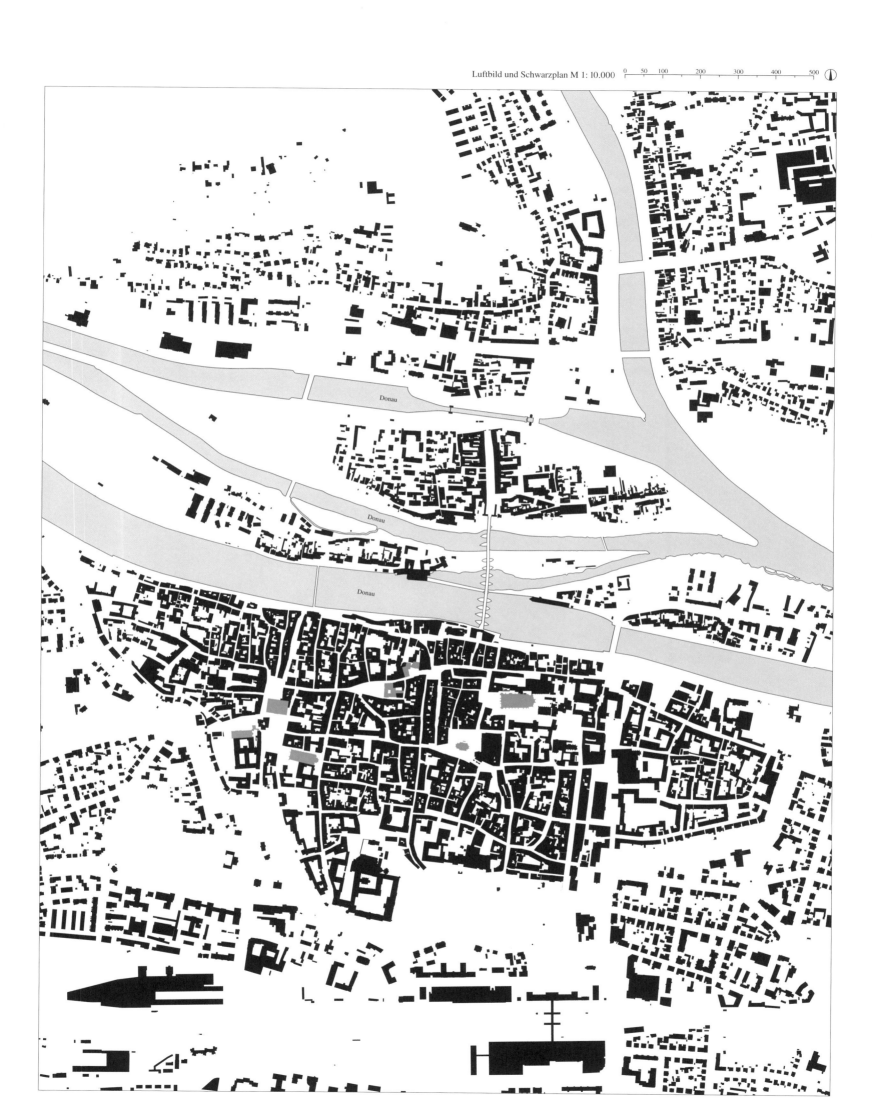

0   50   100   200   300   400   500

Donau

Donau

Donau

BAMBERG

Sieben Kirchtürme bestimmen die Stadtsilhouette der Stadt Bamberg und prägen schon von Weitem ihr Stadtbild. **Im 20. Jahrhundert werden „Hochhäuser" meist mit Großstädten und Ballungsgebieten assoziiert.** Städtebaulich geordnet, können Türme aber auch in neu zu planenden Stadtquartieren eine stadträumliche Qualität entwickeln. Eingebunden in einen zentral gelegenen Quartiersplatz, kann ein Wohnturm schon von Weitem auf die Mitte des neuen Ortes hinweisen; er gibt ihm Identität, fördert die Dichte und verringert die Versiegelung von Grund und Boden.

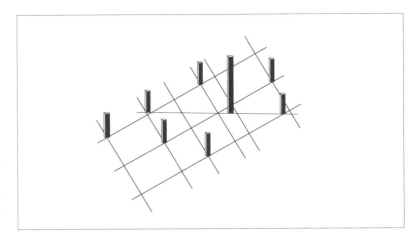

Luftbild und Schwarzplan M 1: 10.000

0   50   100   200   300   400   500

Regnitz

Linker Regnitzarm

JÜRG SULZER UND ANNE PFEIL

DAS STADTQUARTIER ALS TEKTONISCHES ENSEMBLE

EINLEITUNG

Die europäische Stadt verfügt über einen einzigartigen und vielfältigen Gestaltungskanon in den überlieferten historischen Stadtquartieren. In diesen spiegeln sich die kulturellen Zusammenhänge in der Qualität von Ensembles der Häuser und des öffentlichen Raums wider. Diese Ensembles sind sorgfältig zu gestalten, um dem sich „überall in Europa (abzeichnenden) allgemeinen Verlust an Qualität der gebauten Umwelt"[1] entgegenzuwirken. (Abb. 1) Heute müssen die vormodernen Gestaltungsprinzipien neu entdeckt und weiterentwickelt werden. Umso stärker ist die Abkehr von den Gestaltungskriterien der Moderne zu fordern, insbesondere wenn mit Vorstellungen von zeitgenössischer Architektur die abstrakte Interpretation der frühen Bauhausarchitektur mit ihrer großflächigen Gestaltung von Wohnsiedlungen verbunden ist. Deren Zeilenbauten und Hochhäuser verfügen oft über monotone und wenig differenzierte Freiräume, die kaum eine raumbildende Wirkung entfalten. Der ganzheitlichen Gestaltung von Stadtquartieren kommt daher ein hoher Stellenwert zu. Es muss zukünftig darum gehen, Stadtquartiere als *Ensembles von Stadträumen und Stadthäusern* zu gestalten, so dass ein enges Zusammenspiel und eine nachhaltige Gesamtwirkung entstehen. Bei der Gestaltung von Stadtquartieren ist darauf zu achten, dass die räumlich-baulichen Elemente und Formen sowohl aus der Stadtbaugeschichte als auch aus der Gegenwart behutsam zusammengefügt werden. Die aus der Architektur bekannten Prinzipien der Tektonik sind auch in der Stadtbaugestaltung stärker zu gewichten. (Abb. 2)

STADTQUARTIERE ALS PLANUNGS- UND GESTALTUNGSEBENE

In der Bundesrepublik Deutschland wird in der Stadtplanung seit den 1970er Jahren nach Vorgehen und Methoden gesucht, die die gesamtstädtische Flächennutzungsplanung als typisches, aber recht starres Instrument der Nutzungstrennung der Moderne teilräumlich konkretisieren. Frühe Versuche, die Stadtplanung auf Stadtteile oder Bezirke herunterzubrechen, finden sich in Nordrhein-Westfalen mit den „Standortprogrammplanungen"[2]. Diese waren in den 1970er Jahren wohl erste Entwicklungsplanungen auf Stadtteilebene von deutschen Großstädten. Standortprogramme hatten die Realisierung gleichgewichtiger Lebensbedingungen im Fokus. Die Optimierung der Infrastrukturplanung und die Ausrichtung der Wohnfolgeeinrichtungen auf Haltestellen des öffentlichen Verkehrs waren wichtige Ansatzpunkte. Zur stadträumlichen Qualität finden sich in den Standortprogrammen kaum konkrete Hinweise. Ähnliche Ziele wurden zu Beginn der 1980er Jahre in Berlin (West) mit der „Bereichsentwicklungsplanung" und den vorbereitenden Untersuchungen für die Erneuerung von Stadtteilen (Abb. 3) verfolgt.[3] Die Bedürfnisse der Bürger in ihren Großstadtbezirken sollten detaillierter erfasst werden. Auch in den frühen Bereichsentwicklungsplanungen ging es um eine funktionsgerechte Planung von Infrastruktureinrichtungen in den Stadtteilen und eine gleichgewichtige Verteilung von Schulen und Kindertagesstätten in den Bezirken. Zur gleichen Zeit setzte etwa München auf eine Stadtplanung, die räumlich-bauliche Qualitäten in den Stadtteilen im Fokus hatte, um einer ausgeglichenen Verteilung der sozialen Infrastruktur gerecht zu werden.[4]

Etwa zehn Jahre zuvor hatte es bereits spannende Überlegungen gegeben, die auf eine stadträumliche und stadtbaugeschichtliche Kontinuität in der Stadtentwicklung setzten. Sie fragten nach Denkmodellen und Arbeitsgrundlagen, die über die spärlichen Beispiele

Abb. 1 Verlust an Qualität der gebauten Umwelt:
Neubausiedlung in **ZÜRICH** West, 2017

Abb. 3 Stadtteilplanung mit Bezug auf Gestaltung und Geschichte:
Studie **BERLIN** Wedding, 1983

Abb. 2 Die Stadt als tektonisches Ensemble:
die Altstadt von **BERN**, 2000

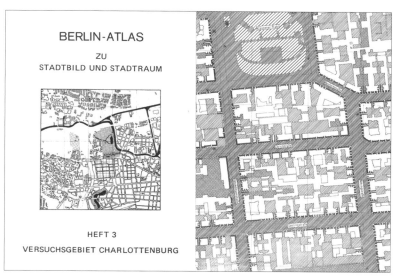

Abb. 4 Fehlende bildhafte Qualitäten führen zu sozialen Gefährdungen:
Josef Paul Kleihues, Studie zum Klausenerplatz in **BERLIN**, 1973

Abb. 5 Identifikation und Verbundenheit mit dem Wohnort:
Klausenerplatz in **BERLIN**, 2018

des klassischen Denkmalschutzes hinaus das lebendige Spektrum vorhandener Stadtbildqualitäten stärker als bisher in der Bau- und Stadtplanung berücksichtigten.[5] Am Beispiel des Klausenerplatzes in Berlin-Charlottenburg stellte *Josef Paul Kleihues* mit seinem Berlin-Atlas das kleinteilige Stadtbild in den Mittelpunkt seiner Untersuchungen. (Abb. 4) Es ging ihm darum, „räumliche und visuelle Qualitäten von Baustrukturen systematisch zu erfassen"[6]. Mit seinem Ziel, die Charakteristika der durch Baumassen gebildeten Räume und die Integration historischer Elemente in eine Neubebauung oder in den Stadtgrundriss zu ermitteln, nahm Kleihues wichtige Anliegen heutiger Stadtbaugestaltung vorweg. Ebenso wies er auf soziale Gefährdung hin, wenn aufgrund von Sanierungsmaßnahmen die vorhandenen hervorragenden räumlichen und bildhaften Qualitäten der Untersuchungsgebiete verloren gingen.[7] Mit anderen Worten sprach Kleihues bereits in den 1970er Jahren von der Gefahr des Fremdwerdens in der Stadt als Wohnort aufgrund von großflächigen baulichen Veränderungen. Damit wurde anerkannt, dass Identifikation und Verbundenheit der Menschen mit ihrem Wohnort stark bestimmt werden von der Überlieferung historischer Bauten und der kontinuierlichen Weiterführung der kleinteiligen stadträumlichen Gestaltung. (Abb. 5)

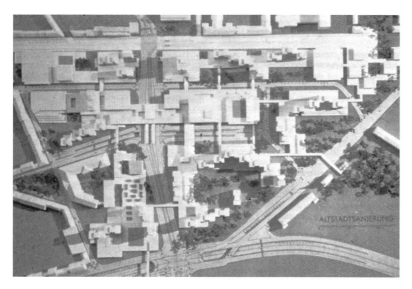

Abb. 6 Entwurf zum Stadtumbau von **KARLSRUHE** im
Geist der Siedlungsmoderne, 1965

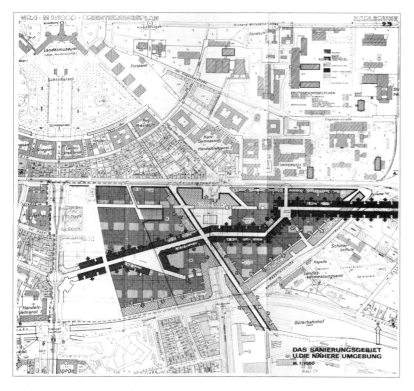

Abb. 7 Stadtbaugeschichte und Stadträume zurückgewinnen:
Erster Preis im Internationalen Ideenwettbewerb Innenstadt
KARLSRUHE, 1970

Weitere Ansätze zur räumlich-baulichen Neuausrichtung der Stadtplanung finden sich in Karlsruhe. Inmitten des barocken Stadtgrundrisses wurde der verkehrsgerechte Stadtumbau im Quartier
Dörfle vorbereitet. Dieser hatte den Abriss rückständiger Viertel[8]
und deren Ersatz durch großflächige Neubausiedlungen zum Ziel.
Es war geradezu das klassische Vorgehen der Moderne, die Stadt
verkehrsgerecht umzubauen. In der Folge wurde das barocke
Karlsruher Stadtbild im Bereich des *Dörfle* in weiten Teilen stark
beeinträchtigt. Mit dem Abriss und der geplanten Neubebauung in
den 1960er Jahren nahm man in keiner Weise Bezug auf die überlieferte Stadtbaugeschichte und die kleinteiligen stadträumlichen
Qualitäten der barocken Stadt. Als dieser Mangel des modernen
Siedlungsbaus innerhalb der gewachsenen Stadt (Abb. 6) Ende der
1960er Jahre in seinem ganzen Ausmaß erkannt wurde, sollte der
Internationale Ideenwettbewerb Innenstadt Karlsruhe 1970 Ret-
tung bringen. Im Rückblick betrachtet beweisen einige Wett-
bewerbsarbeiten, dass es damals bereits Ideen gab, die eine kritische Überprüfung des verkehrsgerechten Stadtumbaus mit seinem
Faible für einseitige Modernität einforderten. Mit dem ersten
Preis[9] wurde ein früher Gedanke zur Revision der Moderne in
Karlsruhe ausgezeichnet. (Abb. 7) Der prämierte Entwurf stellte die
Gestaltung des öffentlichen Raums in den Mittelpunkt.[10] Zugleich
legte er dar, wie Teile des überlieferten barocken Stadtensembles
anhand skizzierter Baublöcke und Stadträume zurückgewonnen
werden könnten. Der zuvor verfolgte verkehrsgerechte Umbau des
Quartiers sollte so weit wie möglich rückgängig gemacht werden,
um das barocke Ensemble wieder lesbar werden zu lassen – es
wieder in Erinnerung zu rufen. Allerdings blieb dieser frühe raumbildende Stadtbauentwurf in der Fachwelt weitgehend unver-
standen und damit auch unbeachtet.[11] Zu jener Zeit hatte die damals
vorherrschende Wohnbaugesellschaft *Neue Heimat*, als einer der
größten Sanierungsträger in der Bundesrepublik Deutschland und
so auch in Karlsruhe, ausschließlich den modernen Siedlungsbau
im Fokus. Ebenso brachte der damalige Fachdiskurs kaum Verständnis dafür auf, die Moderne im Städtebau zu revidieren.[12] Die
visionäre Strategie zum Umbau eines Stadtquartiers, wie sie das
Siegerprojekt für das *Dörfle* in Karlsruhe vorschlug, gibt erste Hinweise auf eine Neuausrichtung der damaligen Städtebaudisziplin.
Die vormoderne, räumlich ausgerichtete Stadt- und Quartiersge-
staltung wurde seitdem schrittweise wieder in Erinnerung gerufen,
während man die Weiterentwicklung der Regelbauweise der Moderne mit ihren Gebäudezeilen und Punktbauten zunehmend kri-
tisch sah. Diese Neuausrichtung der Stadtplanung, die den Fokus
der Entwicklung nicht mehr nur auf statistische Einheiten und
funktionale Ziele der Gesamtstadt legte, wurde in den 1980er Jahren auf der Ebene des Quartiers vertieft und erprobt.

DAS QUARTIER – TEIL EINES GANZEN

Das Quartier als Planungs- und Gestaltungseinheit ist heute in der
Stadtplanungspraxis fest verankert. Der ursprünglich eher mit
Unterbringung konnotierte Begriff des Quartiers setzte sich erst in
der Neuzeit als Planungseinheit in der Stadtplanung durch.[13] Dieser Bedeutungswandel lässt sich am Beispiel der Berner Altstadt
gut nachvollziehen. Anlässlich der Verfassungsreform wurde die
Altstadt im Jahr 1294 nach den Aufgaben des Venners, Viertels-
meisters oder eben des Vierers in vier Quartiere unterteilt. Diese
vier Quartiere gliederte man nach den vier Venner-Zünften, die
für ihre Quartiere zuständig waren: Pfistern-Viertel, Schmieden-
Viertel, Metzger-Viertel und Gerber-Viertel. Selbst die Franzosen
übernahmen diese historische Einteilung der Altstadt anlässlich
ihrer „Einquartierung" nach 1798 mehr oder weniger. (Abb. 8) Die
Straßen wurden nun mit zweisprachigen Schildern in unterschiedlichen Farben markiert, so dass die Altstadt (ohne Mattequartier) in

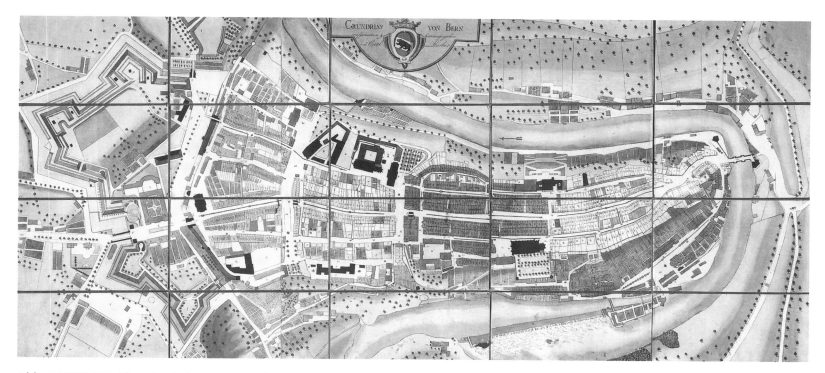

Abb. 8 **BERNER** Altstadt mit Quartierseinteilung, 1803

ein rotes, gelbes, grünes und weißes Quartier eingeteilt war. Das Berner Beispiel zeigt, dass die Quartierbildung zeitweise auch einen gewissen militärischen Hintergrund hatte. Die Quartieraufteilung der Altstadt aus dem Mittelalter hat sich bis heute erhalten.

In der Schweiz erlangte das Quartier als Planungseinheit in der zweiten Hälfte des 20. Jahrhunderts einen recht hohen Stellenwert. Während der Hochkonjunkturphase gingen die konkreten Anliegen der Bürger immer mehr verloren. Sie konnten oft nicht mehr Schritt halten mit den schnellen Veränderungen der Städte und Gemeinden. Gerade weil die Bürgerschaft als Souverän über die Entwicklung und Gestaltung der Städte und Gemeinden abstimmte, bildete die kleinteilig ausgerichtete Quartierplanung ein Gegengewicht zu der konjunkturbedingten raschen Veränderung größerer Städte. Die Quartierplanung wurde zur *Auffangstrategie*, um überlieferte stadträumliche Qualitäten bestmöglich zu bewahren sowie einer weiteren Entfremdung der Bürger in der Stadt entgegenzuwirken. Frühe Quartierplanungen außerhalb der Altstadt finden sich auch in der Stadt Bern.[14] Mit der politisch gewollten Eingemeindung der Dörfer rund um die Kernstadt etablierte sich das Quartier als Planungseinheit, um eine gewisse Selbstständigkeit und Identität der ehemals autonomen Dorfgemeinden in der größeren Stadt zu wahren. Zur Aufrechterhaltung des Dorflebens entstanden Quartiervereine. Von diesen Quartiervereinen geht bis heute in der Stadt Bern ein identitätsstiftendes Quartierleben aus.

In der Bundesrepublik Deutschland war es der Berliner *Internationalen Bauausstellung 1984/87* (IBA) mit ihrer etwa zehnjährigen Planungsphase zu verdanken, dass die Stadtteilebene zum Fokus neuer Gestaltungs- und Strategieansätze avancierte. Ausgehend von dem weitblickenden internationalen Wettbewerb *Strategien für Kreuzberg*[15] von 1976/77 fühlten sich die späteren Protagonisten der IBA dazu verpflichtet, die damaligen Forderungen nach Bürgerbeteiligung und integrativer Betrachtung der sich abzeichnenden sozialen Konflikte auf Stadtteilebene aufzugreifen. (Abb. 9) In der Folge war es die IBA, die ihre Handlungsweise konsequent auf die teilräumliche Ebene der Berliner Bezirke

Abb. 9 Soziale Konflikte aufgreifen:
BERLIN Strategien für Kreuzberg, 1977

59

Abb. 10 Sinnbildliche Erscheinung im Stadtbild:
La Maison Carrée **NIMES**, 2018

Abb. 11 Im Zusammenklang der Einzelteile entsteht Schönheit:
Innenstadt von **NOTO**, Sizilien, 2014

Abb. 12 Zusammenspiel von Einzelhäusern im Ensemble:
Innenstadt von **GENUA**, 2017

Kreuzberg und *Tiergarten* ausrichtete. Hier wurde das Anknüpfen an Geschichte und Tradition, räumlich-bauliche Kontinuität und Infrastrukturplanung für die Menschen im Stadtteil umfassend erprobt.[16] Rückblickend kann gesagt werden, dass mit der IBA, neben einem völlig neuen Umgang mit der historischen Stadt, die Bürgerbeteiligung auf der Ebene der Stadtteile erstmals in Berlin verankert wurde. Die IBA hat in der Bundesrepublik Deutschland die Grundlagen gelegt für eine bürgernahe Stadtplanung auf Stadt-teil- beziehungsweise Quartierebene. Angesichts der vielfältigen Entwicklungsstrategien zur Konkretisierung einer bürgernahen Quartierplanung ist nun zu fragen, welche die prägenden Elemente eines Stadtquartiers sind und wie diese Teile zusammengefügt werden sollen.

TEKTONIK – VON DEN TEILEN UND IHREM
ZUSAMMENWIRKEN IM ENSEMBLE

Wenn wir Stadtquartiere als Ensembles, zusammengefügt aus unterschiedlichen Einzelteilen, verstehen, lohnt es sich, dies mit dem Blick auf die Erkenntnisse zur Tektonik in der Architektur zu tun.[17] *Karl Böttichers* Studien zur Tektonik des griechischen Tempels zeigen, dass sämtliche Teile eine architektonische Gesamtwirkung unterstützen.[18] Bötticher unterscheidet in der Tektonik zwischen „Kernform" und „Kunstform"[19] und fordert, „Begriff, Wesenheit und Funktion jedes Körpers durch folgerechte Form zu erledigen, und dabei diese Form in den Äußerlichkeiten so zu entwickeln, daß sie die Funktion ganz offenkundig verräth"[20]. Aus Böttichers Sicht ist die Form dafür verantwortlich, dass ein Material seine (bautechnische) Funktion erfüllen kann, und umgekehrt kann an der Form die Funktion eines Bauteils erkannt werden. Auch *Gottfried Semper* fordert einen „äußeren ästhetisch-fassbaren Hinweis auf das unsichtbare Vorhandene und Repräsentierte"[21]. Dabei geht es ihm nicht um eine „Nachahmung oder wortgetreue knechtische Übersetzung des Motivs (etwa aus dem hölzernen Balken-Schema in den Steinstil)"[22]. Dieser Ausdruck oder Charakter bildet vielmehr das Zusammenspiel der Einzelteile in ihrer Anordnung und ihrer Beziehung zueinander ab. Damit beinhaltet der Begriff der Tektonik neben einer materialgerechten, tragfähigen und funktionsgerechten Gestaltung des Bauwerks auch den Anspruch an eine sinnbildliche und symbolische Erscheinung, die sich den Menschen bei der Betrachtung und im Gebrauch erschließen muss. (Abb. 10)

Kenneth Frampton spricht in diesem Zusammenhang von der „Poetik der Konstruktion"[23]. Bei der in Erscheinung tretenden tektonischen Form gehe es „nicht um das einfache Aufzeigen von Struktur und Technik, sondern vielmehr um ihr poetisches Ausdrucksvermögen"[24]. Der Begriff der Tektonik beschreibe daher mehr eine ästhetische und weniger eine technische Kategorie.[25] Übertragen auf die angestrebte höhere räumlich-bauliche Qualität im Städtebau, könne man von der *Poesie des Stadtraums* sprechen. Ein Stadtquartier als ein solches tektonisches Ensemble zu konzipieren und zu gestalten bedeutet, die raumbildenden Elemente öffentlicher Raum, Baublock und Haus in ihrer Vielfalt so zusammenzufügen, dass eine Raumpoesie als Gesamtwirkung erreicht wird, die über die funktionalen, technischen und materialbedingten Anforderungen hinausgeht. Es ist diese Raumpoesie – der besondere Ausdruck eines Stadtquartiers –, über die sich den Menschen Zusammenhänge zwischen den einzelnen raumbildenden Elementen des Stadtensembles und seiner Geschichte erschließen.

Der Prozess des Zusammenfügens der Einzelelemente zu einem tektonischen Ensemble sollte als eine Kompositionsmethode gesehen werden, wie *Alberti* sie für die Malerei und die Musik beschreibt. Auf diesem Weg würden „die einzelnen Theile des Werkes ihre Anordnung und Zusammenstimmung erhalten"[26], so dass sie zu Körpern gefügt würden, die „Anmuth besitzen, welche Schönheit genannt wird"[27]. Überträgt man diese Überlegungen auf die Konzeption und Gestaltung eines Stadtquartiers, so sind die Einzelteile in ihrer Vielfalt und Differenziertheit zu raumbildenden, schönen Quartierensembles zusammenzufügen. Diese sind so zu gestalten, dass „das Ganze eher als ein einheitlicher Körper als eine verzettelte und zerstreute Zahl von Gliedern erscheint"[28]. Sämtliche Einzelteile tragen so zu einer tektonischen Gesamtwirkung und Körperlichkeit des Stadtquartiers bei, und es wird Gleichförmigkeit vermieden. Die Verschiedenheit hat nach Alberti eine positive Wirkung, wie er anschaulich am Beispiel der Gesangsstimmen erklärt, die einen vollen und herrlichen Zusammenklang erzeugen und unsere Sinne bewegen.[29] Wenn sich aber alles in unvereinbarer Ungleichheit widerspricht, wird Verschiedenheit sinnlos. Diesen Zusammenklang müssen wir vor Augen haben, wenn wir die Einzelteile, den öffentlichen Raum, die Baublöcke und Häuser, raumbildend zu einem schönen Stadtquartier, einem tektonischen Ensemble zusammenfügen. (Abb. 11, 12)

Viele Debatten zur Stadtbaugestaltung übergehen allzu rasch Forderungen nach einem sorgfältigen und lesbaren Zusammenspiel von Stadtbaugeschichte, überlieferten Werten in der Stadtbaugestaltung und neuen Gestaltungsideen. Oft überwiegt eine willkürliche Gestaltung oder die großflächige Wiederholung beziehungsloser Architekturen. Dies führt zu einer Ansammlung von anonym wirkenden Zeilenbauten und beliebig gestalteten Einzelhäusern, wie sie in jeder Agglomeration zu finden sind. Ortsbildprägende Quartierensembles entstehen hingegen mit der Interpretation der vorhandenen räumlich-baulichen Merkmale (Abb. 13) und der Baugeschichte des Ortes (Abb. 14). Es sollten alte und neue Teile zu einem Gesamten, zu einem Quartierensemble zusammengefügt werden, das ein *Gesicht* hat, welches unverkennbar zur jeweiligen Gemeinde gehört. Dabei ist zu bedenken, dass es sich beim Erkennen und Verstehen eines Stadtensembles um einen sinnstiftenden Prozess handelt.[30] Dieser schließt gleichermaßen eine körperliche Dimension (Stadtwahrnehmung) und eine kognitive Dimension (Bewusstseinsleistung) ein. Lösen Stadtquartiere derartige Prozesse aus, so ermöglichen sie den Menschen eine Identifikation mit ihren Wohnorten, und zwar nach dem Motto: Hier bin ich zusammen mit meinen Nachbarn daheim.

Ein gut und kleinteilig gestaltetes Stadtquartier steht im Widerspruch zur Moderne mit ihrem stets wiederkehrenden nüchternen Gestaltungskanon. *Walter Gropius* hat es verstanden, so *Winfried Nerdinger*, den Bauhausstil so weit zu vermarkten, dass jegliche Kritik an der propagierten gestalterischen Nüchternheit unterblieb.[31] Es gab aber bereits damals Gegenstimmen. Nerdinger erwähnt den Schweizer Architekten *Peter Meyer*, der das Ausblenden von Mensch und Tradition in den 1920er Jahren kritisierte.[32] In gestalterischer Hinsicht sind auch frühe Feststellungen von *Sigfried Giedion* zu erwähnen, der den „Barock [zum] Stil der großen Zusammenfassungen"[33] erklärt. „Es gehört zur Stärke des Barock, wie er […] die Abhängigkeit der einzelnen Zelle vom Nebenan, vom Davor und Dahinter anzudeuten wusste und doch dem einzelnen Raum nicht das Ansehen eines Fragments gab, sondern ihn eine vollendete Einheit werden ließ."[34]

Die Haltung der Moderne, die die Eigeninszenierung von Bauten und Siedlungen in den Mittelpunkt stellt, sollte nicht weiterverfolgt werden. Sie hat dazu geführt, dass wir heute in zunehmendem Maße von der fremd gewordenen Stadt, von der Abwesenheit der Menschlichkeit in der Stadtbaugestaltung sprechen. (Abb. 15)

Abb. 13 Interpretation vorhandener Merkmale: Ergänzung des Altstadtensembles von **ZUG**, 2018

Abb. 14 Interpretation von Baugeschichte: Neue Altstadt **FRANKFURT AM MAIN**, 2018

Abb. 15 Abwesenheit menschlicher Bezüge: Neubausiedlung Sydefädeli in **ZÜRICH**, 2018

DAS STADTQUARTIER ALS TEKTONISCHES ENSEMBLE

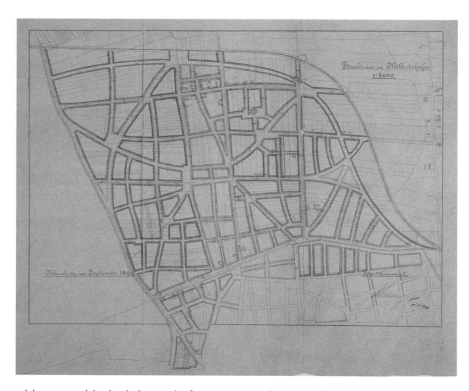

Abb. 16 Baublock als körperhaftes Gegenstück zum Hohlraum der Straße: Theodor Fischers Baulinienplan für Milbertshofen in **MÜNCHEN**, 1898

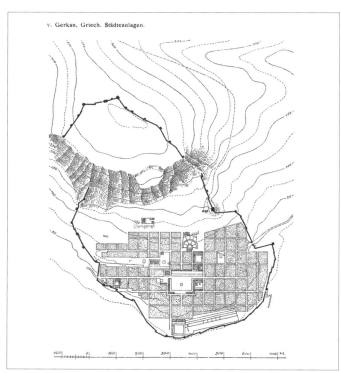

Abb. 17 Antikes **PRIENE**: räumlich-bauliche Gliederung der Stadt

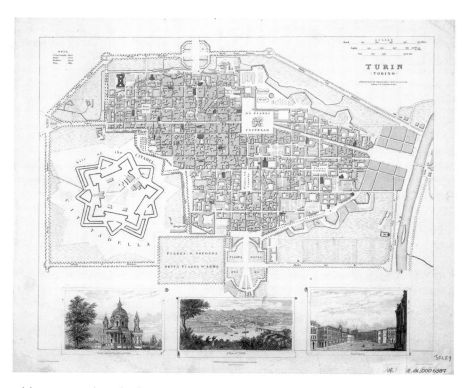

Abb. 18 Barocke Gliederung im Ensemble mit dem römischen Stadtgrundriss: **TURIN**, 1833

Abb. 19 Maßlose Spekulation bringt den Baublock in Verruf und ist Anlass zur Städtebaureform: Mietskaserne Meyer's Hof, **BERLIN**, 1910

Abb. 20 Reformstädtebau mit Zeilenbauten: **FRANKFURT** Römerstadt, 1925

Die Entwurzelung der Menschen in der Stadt ist die Folge. Auf die Tektonik in der Gestaltung des Quartierensembles zu achten bedeutet, die Körper- und Ortlosigkeit in der Stadtbaugestaltung mit ihrer „Ästhetik des Verschwindens"[35] jeglicher Zeichen und Symbolik zu überwinden. Beziehungslos gestaltete Häuser bieten den Menschen kaum Möglichkeiten des Erinnerns und der Entwicklung von Heimatverbundenheit. Es ist keineswegs gemeint, dass es nur um das Abbilden von traditionellen Formen gehen soll. Auch neue Gestaltungsprinzipien, Bau- und Architekturformen, die Identität und Ortsverbundenheit vermitteln, sind zu suchen. So lassen sich Einzelhäuser zu Baublöcken im Stadtensemble zusammenfügen.

DER BAUBLOCK ALS ELEMENT DES TEKTONISCHEN ENSEMBLES

Will man die Wesenszüge des Baublocks[36] näher verstehen, ist an den Münchner Stadtbauleiter *Theodor Fischer* zu erinnern. Er verfolgte bereits zu Beginn des 20. Jahrhunderts eine räumlich-baulich ausgerichtete Stadtplanung in Form der Staffelbauordnung. Fischers Arbeiten „zeichnen sich durch städtebauliche Prägnanz, hohe architektonische Qualität, Mut und Eigenständigkeit aus"[37]. In seinen sechs Vorträgen zur Stadtbaukunst forderte er sinngemäß, dass alle vier Seiten eines Bauplatzes zu beachten seien.[38] Der Baublock sei als körperhaftes Gegenstück des Hohlraums der Straße zu verstehen. (Abb. 16) Der Architekt habe dem Baublock und dem Hohlraum gleiche Sorgfalt beizumessen. Infolgedessen sei der Baublock gemeinsam mit dem Straßenraum zu betrachten.[39] So gesehen generiert der Baublock im Ensemble mit den ihn umgebenden Straßen die Körperlichkeit des Stadtquartiers. Zugleich stellt er als lesbare Stadtbautypologie ein bauliches Ensemble aus Einzelhäusern dar.

Bereits der antike griechische Stadtgrundriss weist eine klare Aufteilung des Stadtgebiets in Baublöcke mit Einzelhäusern, Straßenräume und Wege auf, wie etwa in Priene. (Abb. 17) Die räumlich-bauliche Gliederung der griechischen Stadt geht von einem Gleichheitsprinzip aus: Jede Parzelle ist gleich groß. Obwohl in späterer Zeit reichere Bürger Nachbarparzellen erwerben konnten, blieb die übergeordnete Struktur der Stadt erhalten. Straßen, Agora, Bauten der Öffentlichkeit und des Heiligtums bildeten zusammen mit den Baublöcken eine räumlich-bauliche Gesamtheit, die bis in die Neuzeit in unzähligen europäischen Städten zum Vorbild stadträumlicher Gliederung und Gestaltung wurde. Aus der Barockzeit ist der Baublock beispielsweise in der Stadt Turin überliefert. (Abb. 18) Der Stadtgrundriss der frühbarocken Stadterweiterung verschmilzt hier mit dem der Altstadt und deren Baublöcken aus der Römerzeit. Erst die Anordnung der Straßen und Plätze im Ensemble mit den Baublöcken aus Stadthäusern führt zu der besonderen stadträumlichen Identität einer Stadt.

Ganz anders verhielt es sich im Berlin des späten 19. Jahrhunderts. Erstmals wurde ein negatives Bild des Baublocks geprägt infolge der maßlosen Spekulation mit dem Stadtboden. (Abb. 19) Die Gründe lagen darin, dass die öffentliche Hand nur die grobe Erschließung neuer Stadtteile mit Straßen und Leitungen vorgab, während die privaten Terrain- und Immobiliengesellschaften die Baublöcke in fünfgeschossiger Regelbauweise maximal ausnutzten. Sie verzichteten auf teure Unterteilungen der großen Straßengevierte mit zusätzlichen Straßen und Wegen. Zu Recht wurden die berühmten Hinterhöfe, mit all ihren negativen Erscheinungen wie unzureichender Besonnung und Belüftung der Wohnungen, kritisiert. Die dort herrschenden ungesunden Wohnbedingungen waren dann auch zu Beginn des 20. Jahrhunderts Anlass zur Reform des Städtebaus. Diese führte schließlich zur

Auflösung eines mehr als 2.000 Jahre alten räumlich-baulichen Gliederungsprinzips von Stadtraum und Baublock. Die damaligen Städtebaureformer des *Bauhauses* entwickelten als Alternative zum überlieferten Baublock den modernen Siedlungsbau mit Gebäudezeilen und Punktbauten. (Abb. 20) Mit der offenen Gestaltung der Siedlungen wurde die Körperlichkeit der Quartiere und Stadträume aufgelöst.[40] Heute werden meist nur noch Siedlungen erstellt, die den Wohnungsgrundriss optimieren, ohne den Anspruch zu erheben, attraktive Stadt- und Straßenräume auszubilden. Dies führt zu abweisend wirkenden Einzelhäusern und Zeilenbauten mit wenig differenzierten Außenräumen, die den sinnbildlichen und symbolischen Ansprüchen der Menschen in der Stadt nicht gerecht werden und kaum Möglichkeiten des Erinnerns, der Verwurzelung und der Aneignung bieten. Im Zuge dieser Entwicklung sind Stadtquartiere mit unterschiedlich gestalteten Gesichtern der Einzelhäuser in den Jahrzehnten des großen Wirtschaftswachstums weitgehend verloren gegangen.[41]

Die rund 100-jährige Entwicklung seit der Städtebaureform der Moderne steht in keinem Verhältnis zu der über 2.000-jährigen Geschichte des vielfältig variierten Baublocks im Stadtensemble. Sie ist umzukehren. Anstelle von anonym wirkenden Zeilenbauten oder Hochhäusern mit monotonen Außenräumen sind unverwechselbare Orte für diejenigen zu schaffen, die es sich wünschen, in dichten Stadtquartieren zu wohnen. Es sollte niemand behaupten, dass Menschen in der Stadt sich nur für Wohnungen in anonym wirkendem Umfeld interessieren, die dafür aber mit einer optimalen Besonnung versehen sind. Wie anders ist es sonst zu erklären, dass die Bürger sich für rekonstruierte Bauten und Altstadtensembles, wie sie in Frankfurt am Main oder in Dresden entstehen, einsetzen oder für Wohnungen in dicht bebauten Innenstadtquartieren Höchstpreise zahlen? Die aktuellen Wohnungsmärkte belegen diese Situation jeden Tag.

In ihrer Gesamtheit erweisen sich Baublöcke als anpassungsfähige und flexibel nutzbare Baustruktur. Will man lesbare Stadtensembles schaffen, ist auch auf Kleinteiligkeit der Baublöcke zu achten. Sie ermöglicht Anpassungsfähigkeit sowie bauliche und nutzungsgemäße Vielfalt. Kleinteilige Baublöcke innerhalb eines Stadtquartiers lassen behutsame, schrittweise Veränderungen im Verlauf der Zeit zu. Kleinteiligkeit im Ensemble schafft Flexibilität und Offenheit für zukünftige Entwicklungen, ohne die Qualität und die Identität eines Stadtquartiers als Ganzes zu beeinträchtigen. Kleinteilige Baublöcke bieten darüber hinaus Chancen, flexibel nutzbare Häuser zu gestalten, und es ist zu bedenken, dass die Außenwände eines jeden einzelnen Hauses zugleich die *Innenwände* des öffentlichen Raums bilden.[42] Auf diesen Grundlagen sind entsprechende Kriterien zu formulieren, die zur ganzheitlichen Gestaltung der Stadtquartiere als tektonische Ensembles beitragen.

KRITERIEN DES STADTQUARTIERS ALS TEKTONISCHES ENSEMBLE

Gerade in Zeiten der Globalisierung mit ihrem inneren Trieb der Gleichmachung und Austauschbarkeit von allem mit allem sind diese räumlich und sozial ausgerichteten Kriterien sowohl für die Stadtbaugestaltung als auch für die urbane Lebensqualität von größter Bedeutung. Stadtquartiere müssen den verschiedenen funktionalen und technischen Anforderungen ebenso gerecht werden, wie sie sinnliche und sinnstiftende Qualitäten entfalten sollten. Eine zukunftsweisende Gestaltung von Stadtquartieren bedeutet, sie als tektonische Ensembles zu verstehen und ihnen einen besonderen (poetischen) Ausdruck zu verleihen. So können Stadtquartiere entstehen, die den Menschen Identifikation, Vertrautheit

DAS STADTQUARTIER ALS TEKTONISCHES ENSEMBLE

Abb. 21 Ensemble und Körperlichkeit:
Innenstadt von **BARCELONA**, 2018

Abb. 22 Identität und Überzeitlichkeit:
Neue Altstadt **FRANKFURT AM MAIN**, 2018

Abb. 23 Erinnerung und Raumgeborgenheit:
BERLIN Ludwigkirchplatz, 2018

und Geborgenheit bieten. Diese Aufgabe lässt sich lösen, indem die Kriterien Ensemblebildung und Körperlichkeit, Identität und Überzeitlichkeit sowie Erinnerung und Raumgeborgenheit in die räumlich-bauliche Gestaltung von Stadtquartieren einfließen.

ENSEMBLEBILDUNG UND KÖRPERLICHKEIT

Das dichte, enge Straßengeviert mit seinen Baublöcken zusammen mit einer guten Nahversorgung wird im Mittelpunkt der zukünftigen Stadtraumentwicklung stehen. Stadtraum und Baublock bedingen sich gegenseitig, sind gemeinsam zu denken und zu gestalten. Dies kann mit ihrem sorgfältigen Zusammenfügen zu tektonischen Ensembles, die eine räumliche Körperlichkeit erhalten, gelingen. Der Baublock wird dabei sowohl zum raumkonstituierenden Element im Stadtensemble als auch zum baulichen Ensemble, bestehend aus Einzelhäusern. Er ist Bedingung für die räumliche Gefasstheit des Stadtraums. Daher ist auf die differenzierte Gestaltung des Baublocks sowohl zum öffentlichen Raum als auch zur privaten Hof- oder Rückseite besonders zu achten. Die Zwischenräume sind als Stadtkörper im Sinne der Körperlichkeit der Stadt zu begreifen. Es ist die Logik des sorgfältigen Zusammenfügens von öffentlichen Straßenräumen, Baublöcken, Häusern, Parks und privaten Wohnhöfen mit ihren Gärten, die zur Körperlichkeit des Stadtquartiers beiträgt. Diese neue Körperlichkeit entsteht, wenn Stadtquartiere als tektonische Ensembles verstanden und gestaltet werden. Die qualitativ hochstehende Innenentwicklung von Städten und Gemeinden erfordert Schritt für Schritt die Umsetzung räumlich-baulich ausgerichteter Stadtquartiere. So kann eine *Stadtwerdung*[43] von Stadtquartieren initiiert werden, die dazu führen müsste, dass poetische Erzählungen aus Stadtbaugeschichte und Neuzeit der Städte vermittelt werden. (Abb. 21)

IDENTITÄT UND ÜBERZEITLICHKEIT

Die Gestaltung der Baublöcke muss eine räumlich-bauliche Identität vermitteln. Sie lässt sich in dem hier zur Diskussion stehenden Kontext nicht als Erscheinung eines einzelnen Objekts definieren. Jedes Haus muss Teil eines lesbaren Ganzen sein, um Identität zu erzeugen. Aus der Forschung wissen wir, dass personale Identität einer kontinuierlichen Gedächtnis- und Erinnerungsleistung bedarf. Dies zeigt sich dadurch, dass Personen „nicht nur über die Zeit hinweg existieren, sondern auch ein Bewusstsein ihrer eigenen Identität zu einem Zeitpunkt und über die Zeit hinweg haben"[44]. Wenn in der Stadtbaugestaltung Identität thematisiert wird, dann müssen wir die kontinuierliche Entwicklung des öffentlichen Raums im Stadtquartier stets vor Augen haben. Mit der räumlich-baulichen Kontinuität wächst die Identität des Quartiers und damit auch die Vertrautheit und Verbundenheit der Bewohner.[45] Fehlt es daran, entstehen Anonymität und Entwurzelung. Dies hat Rudolf Schwarz in Verbindung mit dem Wiederaufbau von Köln bereits 1949 erkannt. Er forderte, dass die Städte den Wandel der Zeit überstehen und allmählich ins *Überzeitliche* wachsen müssen.[46] Der Verlust überlieferter Stadtbilder rechtfertigt es auch, die geforderte Überzeitlichkeit der Stadt und des einzelnen Stadtquartiers wiederherzustellen. Diese sinnlich wahrnehmbare Überzeitlichkeit wird in Dresden mit dem Neumarkt-Ensemble oder in Frankfurt am Main mit dem teilweisen Wiederaufbau der verlorenen, neuen Altstadt zu Recht neu entdeckt. Der zukunftsweisende Gestaltungskanon hat sowohl an tradierte, über viele Jahrhunderte optimierte Gestaltungselemente als auch an moderne Erkenntnisse anzuknüpfen. Nur so kann ein räumlicher wie gestalterischer *Beziehungsreichtum* in der heute vielfach von baulicher Uniformität geprägten Lebensumwelt entwickelt werden.[47] (Abb. 22)

ERINNERUNG UND RAUMGEBORGENHEIT

Lebendige Erinnerung steht in Verbindung mit der kollektiven und persönlichen (sinnlichen) Wahrnehmung eines Ortes. Aufbauend auf der jeweils besonderen Geschichte der Stadt sind vielseitige und erinnerungsfähige Bilder eines Stadtquartiers zu entwickeln. Die Voraussetzungen sind damit gegeben, ein Gefühl der persönlichen Ergriffenheit und Vertrautheit zu initiieren. Der Mensch sei, so *Tomáš Valena*, raumbezogen durch seine Leiblichkeit und ortsbezogen durch das Erinnern der Ortsbilder. Die Schaffung von neuen gebauten Orten aus der Erinnerung an vertraute Orte begründe die Kontinuität der Baukunst. Das Haus, das uns in der Welt verorten soll, müsse selbst verortet, müsse ortsgebunden sein.[48] Die *Stadt des Erinnerns* und „Raumgeborgenheit"[49] werden zu wichtigen Anliegen einer zukunftsweisenden Stadtbaugestaltung. Sie erfordern eine Gestaltung, die den Bedürfnissen der Bürger im Quartier gerecht wird. Die Wirkung vielseitig gestalteter Straßen- und Platzräume auf die Wahrnehmung und das Handeln der Menschen ist stärker zu beachten. Stadträumliche Ensembles mit hoher baulicher Dichte und räumlicher Nähe schaffen Raumgeborgenheit, die das Wohlbefinden und die Zugehörigkeit der Menschen im Quartier fördert. (Abb. 23)

Die dargelegten drei Kriterienpaare zur Gestaltung eines Quartiers ergänzen den räumlich-baulichen Kontext. In ihrer Gesamtheit bilden sie die Grundlage zur Gestaltung des Stadtquartiers als tektonisches Ensemble mit einem besonderen (poetischen) Ausdruck.

AUSBLICK

Die Auseinandersetzung mit dem Vorgefundenen ist ein wichtiger Ausgangspunkt, will man Stadtquartiere als tektonische Ensembles und mit stadträumlicher Kontinuität und Ortsbezug schaffen. Ein Beispiel hierfür ist das städtebauliche Konzept *Wohnhöfe Grubenacker*[50] an der Thurgauerstrasse in Zürich. (Abb. 24) Das bestehende Schrebergartenareal soll zu einem dichten Stadtquartier entwickelt werden. Es baut auf der Gestaltung des öffentlichen Raums auf, der sich aus der Weiterführung der überlieferten Flurwege ergibt. Zugleich reagiert das Konzept auf die sich typologisch stark unterscheidenden angrenzenden Wohn- und Arbeitsgebiete und vermittelt zwischen ihren unterschiedlichen Maßstäben. Die vorgeschlagenen kleinteiligen Baustrukturen zeichnen sich durch Effizienz und Fehlerfreundlichkeit aus, da eine schrittweise Realisierung möglich ist und in jeder Bauetappe korrigierend eingegriffen werden kann. Damit steht das Konzept *Wohnhöfe Grubenacker* im klaren Gegensatz zu der geplanten großmaßstäblichen Hochhausbebauung der öffentlichen Hand (Abb. 25, 26): Der Gestaltungplan der Stadt Zürich sieht ein fremd wirkendes Neubaugebiet mit willkürlich gesetzten Hochhäusern und unzureichenden öffentlichen Räumen vor. Das Konzept *Wohnhöfe Grubenacker* wurde auf Wunsch einer Bürgerinitiative als Alternative zum Gestaltungsplan der Stadt Zürich entwickelt.[51] Die Bürger wehren sich gegen die Anonymität eines neuen Wohnviertels in unmittelbarer Nachbarschaft ihres zwei- bis dreigeschossigen Wohnviertels. Sie sind aber keineswegs gegen eine dichte Bebauung des Areals, sondern setzen sich aktiv für die *Wohnhöfe Grubenacker* ein.

Es ist ein vielversprechender Ansatz, Stadtquartiere als tektonische Ensembles zu verstehen. Mit diesem Selbstverständnis kann eine zukunftsweisende Stadtraumgestaltung sowohl funktionalen und technischen Anforderungen als auch sinnbildenden und sinnstiftenden Bedürfnissen der Menschen gerecht werden. Bewahren und Verändern sind hierbei in einem engen Kontext mit der

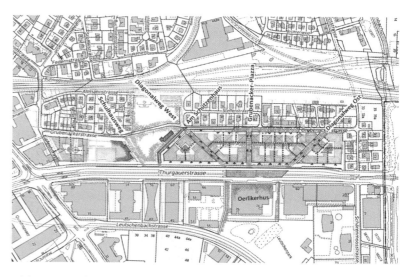

Abb. 24 Stadträumliches Konzept Wohnhöfe Grubenacker an der Thurgauerstrasse in **ZÜRICH** auf der Grundlage überlieferter Wege, 2020

Abb. 25 Gestaltungsplan Thurgauerstrasse der Stadt **ZÜRICH** ohne stadträumliche Bezugnahme auf die nähere Umgebung (Planungsgebiet hervorgehoben), 2015

Abb. 26 Urbane Raumpoesie:
Tektonisches Quartierensemble Wohnhöfe Grubenacker an der Thurgauerstrasse in **ZÜRICH**, 2020

DAS STADTQUARTIER ALS TEKTONISCHES ENSEMBLE

Lebensqualität und den lebensweltlichen Auswirkungen zu sehen. Die Einzelteile tragen zu einer tektonischen Gesamtwirkung und Körperlichkeit des Stadtquartiers bei. Das Ganze kann dann als ein einheitlicher Körper statt als „eine verzettelte und zerstreute Zahl von Gliedern" [52] in Erscheinung treten. Die dargelegten Entwicklungslinien urbaner Quartiere zeigen, wie dank räumlich-baulicher und visueller Qualitäten tradierter vormoderner Stadtquartiere eine neue, zeitgenössische „Poesie" entfaltet werden kann. Der ortlose Gestaltungskanon gegenwärtiger Architektur muss von seinem globalisierten Funktionalismus befreit werden. Es soll eine neue und zukunftsweisende Gestaltung von Baublöcken und Einzelhäusern im engen Kontext mit dem öffentlichen Raum einen Beitrag zur Vielfalt und Vielschichtigkeit von Ensembles in Stadtquartieren leisten. Allerdings stellt Verschiedenheit nur dann eine Qualität dar, wenn es gelingt, dass die unterschiedlichen Elemente sich ergänzen und zu einem sinnstiftenden Ganzen zusammengefügt werden, so dass unverwechselbare Orte entstehen. Der Stadtraum ist hierfür in seiner Körperlichkeit und engen räumlichen Gefasstheit als dreidimensionaler Raumkörper zu gestalten. So kann es gelingen, dass dichte Stadtquartiere eine *urbane Raumpoesie* vermitteln und einen nachhaltigen Beitrag zum Wohlbefinden der Menschen und zur Lebensqualität sowohl in der Stadt als auch in der Stadtagglomeration leisten. Dichte Stadtquartiere können so zu Orten werden, die die Menschen bewusst als vielfältige Stadtheimat in einer zunehmend globalisierten Welt wahrnehmen.

ANMERKUNGEN

1 Davos Declaration 2018: Erklärung von Davos 2018, S. 16, https://davosdeclaration2018.ch/media/Brochure_Declaration-de-Davos-2018_WEB_2.pdf, Zugriff 24.03.2018. Die Erklärung von Davos wurde bei der europäischen Kultusministerkonferenz zum Thema Baukultur vom 20. bis 22. Januar 2018 in Davos (Schweiz) von den Teilnehmern beschlossen. Diese Konferenz wurde von der Schweiz anlässlich des Europäischen Jahres des Kulturerbes 2018 durchgeführt.

2 Vgl. hierzu: Die kooperierenden Lehrstühle für Planung an der RWTH Aachen (Hg.), Schriftenreihe Politik und Planung, Band 1, Praxisprobleme der Stadtteil- und Standortprogrammplanung, Köln 1973.

3 Vgl. Arbeitsgruppe für Stadtplanung (AGS), Jürg Sulzer Projektleitung, Räumliche Bereichsentwicklungsplanung (BEP) Berlin-Wedding 1. Gutachten im Auftrag des Senators für Bau- und Wohnungswesen, Berlin 1980, und Vorbereitende Untersuchungen Berlin-Wedding. Untersuchungsabschnitt B, Schulstraße, Berlin 1983.

4 Vgl. Landeshauptstadt München, Referat für Stadtplanung und Bauordnung, Stadtentwicklungsplan 1983, München 1983, S. 15ff. (Räumliche Ordnung und Stadtgestalt).

5 Josef Paul Kleihues, Berlin-Atlas zu Stadtbild und Stadtraum, Heft 3, Versuchsgebiet Charlottenburg, Der Senator für Bau- und Wohnungswesen (Hg.), Berlin 1973, Einleitung.

6 Ebenda, S. 8.

7 Ebenda, S. 9.

8 Katrin Zapf, Rückständige Viertel. Eine soziologische Analyse der städtebaulichen Sanierung in der Bundesrepublik, Frankfurt am Main 1969.

9 Die Autoren des ersten Preises im Internationalen Ideenwettbewerb waren Hannes Dubach, Gert Kicherer, Urs Kohlbrenner und Jürg Sulzer.

10 Vgl. hierzu Ursula Flecken, Der öffentliche Raum im Aufbruch: Ein Blick zurück auf 1970, in: Ursula Flecken, Laura Calbet i Elias (Hg.), Der öffentliche Raum. Sichten, Reflexionen, Beispiele, Sonderpublikation des Instituts für Stadt- und Regionalplanung, Technische Universität Berlin, Berlin 2011, S. 19–36, hier S. 19.

11 Vgl. zum Beispiel Baumeister, Zeitschrift für Architektur, Planung, Umwelt, Heft 4 / 1971, S. 391.

12 Vgl. Freie Planungsgruppe Berlin GmbH, im Auftrag des Bundesministers für Raumordnung, Bauwesen und Städtebau, Modellvorhaben Karlsruhe-Dörfle. Vergleichende Untersuchung der Realisierung unterschiedlicher Erneuerungsaufgaben unter Anwendung des Städtebauförderungsgesetzes am Beispiel der Altstadtsanierung Karlsruhe-Dörfle, in: Schriftenreihe „Stadtentwicklung" des Bundesministers für Raumordnung, Bauwesen und Städtebau, Nr. 02.022, Bonn 1981.

13 So wird aus archäologischer Sicht das Quartier als Unterteilung eines Objekts bezeichnet. Die Unterteilung wird anhand des Kammerbodens einer Megalithanlage durch senkrecht aufgestellte Steinplatten erklärt (https://de.wikipedia.org/wiki/Quartier_(Archäologie), Zugriff 03.12.2017). Die Überlieferung zeigt viele Bezüge dieser ursprünglichen Gliederung einer Kammer als Teil eines Ganzen. Aus dieser Gliederung entstand im Lateinischen „quartus", das Vierte, und aus diesem das französische „quartier", das Viertel (https://de.wikipedia.org/wiki/Quartier, Zugriff 03.12.2017).

14 Jürg Sulzer, Stadtplanungsamt Bern, Stadtplanung in Bern. Entwicklung und Perspektiven, Bern 1989, S. 86.

15 Der Senator für Bau- und Wohnungswesen Berlin, Strategien für Kreuzberg. Ausschreibungsunterlagen mit Projektbeschreibung, Informationen und Zielvorstellungen, Berlin 1977.

16 Vgl. Der Senator für Bau- und Wohnungswesen Berlin, Idee, Prozess, Ergebnis. Die Reparatur und Rekonstruktion der Stadt, Katalog zur Ausstellung im Martin-Gropius-Bau zum Berichtsjahr 1984, Internationale Bauausstellung Berlin 1987, Berlin 1984.

17 Es würde den Rahmen des vorliegenden Beitrags sprengen, die Parallelen zu den unterschiedlichen Überlegungen zur Tektonik hier ausführlich darzulegen. Daher werden aus unserer Sicht wichtige Bezüge zum Thema aufgezeigt.

18 Karl Bötticher, Die Tektonik der Hellenen, Erster Band, Potsdam 1852.

19 Ebenda, S. XV. Für Bötticher wird ein tektonischer Körper aus zwei Elementen gebildet: „Die Kernform jedes Gliedes ist das mechanisch notwendige, das statisch fungierende Schema; die Kunstform dagegen nur die Funktion-erklärende Charakteristik."

20 Ebenda, S. 6.

21 Gottfried Semper, Der Stil in den technischen und tektonischen Künsten, oder Praktische Aesthetik. Ein Handbuch für Techniker, Künstler und Kunstfreunde. Zweiter Band, Keramik, Tektonik, Stereotomie, Metallotechnik für sich betrachtet und in Beziehung zur Baukunst, München 1879, S. 206. Semper stellt diese Überlegungen zur Ausbildung des Giebels an, verweist jedoch auf die Gültigkeit für ähnliche Fälle.

22 Ebenda, S. 206.

23 Kenneth Frampton, Grundlagen der Architektur. Studien zur Kultur des Tektonischen, München-Stuttgart 1993, S. 2.

24 Ebenda, S. 2.

25 Ebenda, S. 3.

26 Leone Battista Alberti's Kleinere Kunsttheoretische Schriften, im Originaltext herausgegeben von Hubert Janitschek, Nachdruck der Ausgabe 1877, Quellenschriften für Kunstgeschichte und Kunsttechnik des Mittelalters und der Renaissance, Band XI, Osnabrück 1970, S. 104.

[27] Ebenda, S. 108.

[28] Leon Battista Alberti, Zehn Bücher über die Baukunst, Bibliothek Klassischer Texte, Darmstadt 1975, 2. unveränderte Auflage, Wien und Leipzig 2005, S. 49.

[29] Ebenda, S. 49–50.

[30] Vgl. hierzu: Anne Pfeil, Leerstand nutzen. Perspektivenwechsel im Umgang mit dem strukturellen Wohnungsleerstand in ostdeutschen Gründerzeitgebieten, Berlin 2014. Untersucht wurden die Auswirkungen eines einwöchigen probeweisen Wohnaufenthalts auf die Wahrnehmung eines Gründerzeitquartiers in der Stadt Görlitz.

[31] Winfried Nerdinger, Geschichte macht Architektur, München 2012, S. 149.

[32] Ebenda, S. 151.

[33] Sigfried Giedion, Spätbarocker und Romantischer Klassizismus, München 1922, S. 12.

[34] Ebenda, S. 12.

[35] Fritz Neumeyer, Tektonik: Das Schauspiel der Objektivität und die Wahrheit des Architekturschauspiels, in: Hans Kollhoff (Hg.), Über Tektonik in der Baukunst, Braunschweig 1993, S. 55–77, hier S. 68.

[36] Zur Körperlichkeit von Baublock und Straße vgl. auch: Debatte. Stadtquartier statt Siedlungen, in: werk, bauen und wohnen, Heft 11 / 2017, S. 47.

[37] Elisabeth Merk in: Sophie Wolfrum et. al. (Hg.), Theodor Fischer Atlas. Städtebauliche Planungen München, München 2012, S. 8.

[38] Theodor Fischer, Sechs Vorträge über Stadtbaukunst, München 1919, neu herausgegeben von Matthias Castorph, München 2009.

[39] Ebenda, S. 37.

[40] Allerdings gab es in jenen Jahren auch weitergehende Überlegungen zur Stadtraumgestaltung, wie Wolfgang Sonne nachweist. Beispielsweise sei Karl Roth in seinem Vortragsmanuskript bereits 1927 die stadträumliche Gestaltung formal angegangen und habe den Platz als Raum, nicht als Fläche, den Außenraum als Raum ohne Deckel definiert und als geschlossene Form, Wand, Öffnung und Wandhöhe gesehen. Vgl. hierzu: Wolfgang Sonne, Urbanität und Dichte im Städtebau des 20. Jahrhunderts, Berlin 2014.

[41] Fritz Schumacher fragt, wodurch ein bauliches Werk sich als belebtes Gebilde auszeichne und von Kräften der Innenwelt und der Sinneswelt durchdrungen sei sowie nach der „Seele" als Oberbegriff all dessen, was menschliches Leben ausmachen würde. Vgl. Fritz Schumacher, Der Geist der Baukunst, Stuttgart 1983, unveränderter Nachdruck von 1938, S. 187.

[42] Jürg Sulzer, Die Gestalt der Quartiere, in: Christoph Mäckler, Wolfgang Sonne, Stadtleben statt Wohnen, Konferenz zur Schönheit und Lebensfähigkeit der Stadt, Band 5, Zürich 2015, S. 151.

[43] Der Begriff wird im Rahmen der Quintessenz des Nationalen Forschungsprogramms Neue Urbane Qualität (NFP65) in Verbindung mit dem Umbau von Siedlungen in den Agglomerationsräumen eingeführt. Vgl. hierzu: Jürg Sulzer und Martina Desax, Die Suche nach einer neuen urbanen Qualität, Synthese des Nationalen Forschungsprogramms „Neue Urbane Qualität" (NFP 65), herausgegeben von der Leitungsgruppe NFP 65, Bern 2015. Erhältlich auch online: http://www.nfp65.ch/SiteCollectionDocuments/nfp65_quintessenz_de.pdf.

[44] Nicolas Pethes, Jens Ruchatz (Hg.), Gedächtnis und Erinnerung. Ein interdisziplinäres Lexikon, Stichwort „Identität", Reinbek bei Hamburg 2001, S. 268.

[45] Zur Bedeutung der räumlichen Kontinuität und der räumlichen Vielfalt in europäischen Städten siehe auch Anne Pfeil, Evolutionärer Städtebau. Perspektiven für die Weiterentwicklung der gegenwärtigen Stadt, in: Jürg Sulzer und Anne Pfeil (Hg.), Stadt Raum Zeit. Stadtentwicklung zwischen Kontinuität und Wandel, Stadtentwicklung und Denkmalpflege, Band 10, Berlin 2008, S. 64–73.

[46] Rudolf Schwarz, Was eigentlich ist der Gegenstand des Städtebaus? In: Ulrich Conrads (Hg.), Die Städte himmeloffen. Reden und Reflexionen über den Wiederaufbau des Untergegangenen und die Wiederkehr des Neuen Bauens 1948 / 49, Bauwelt Fundamente 125, Basel 2003, S. 186–190. In seinen „Gedanken zum Wiederaufbau von Köln" stellt Rudolf Schwarz 1949 fest, dass nicht daran zu denken sei, „Köln neu zu erbauen, denn diese Stadt müsse bleiben, und was in ihr wiederherzustellen sei, darf nicht das Werk eines einzigen Zeitalters sein [...] ihre Seele lebe jederzeit über den Zeiten", S. 190.

[47] Vgl. Anne Pfeil, Ideologie, in: Barbara Engel (Hg.), historisch versus modern: Identität durch Imitat?, Berlin 2018, S. 102–103.

[48] Tomáš Valena, Beziehungen. Über den Ortsbezug in der Architektur, Aachen Berlin 2014, S. 173.

[49] Der Begriff wird im Rahmen der Quintessenz des Nationalen Forschungsprogramms Neue Urbane Qualität, NFP65, entwickelt, vgl. Jürg Sulzer und Martina Desax, a.a.O., S. 80.

[50] Das Konzept Wohnhöfe Grubenacker von Jürg Sulzer (Zürich 2020) stellt eine konkrete Idee dar, wie ein urbanes Quartier als tektonisches Ensemble zu gestalten wäre.

[51] Durch die Bürgerinitiative kam ein Referendum zustande, so dass Ende 2020 das Volk darüber abstimmte, ob das anonym wirkende Hochhauskonzept der Stadt realisiert werden sollte. Angesichts der herrschenden Wohnungsknappheit nahmen die Stimmbürger der Stadt Zürich das Hochhauskonzept der Stadt an. Das Konzept Wohnhöfe Grubenacker kann nicht realisiert werden. Die Stadt Zürich arbeitet an der Umsetzung des Hochhauskonzepts.

[52] Leon Battista Alberti, Zehn Bücher über die Baukunst, a.a.O., S. 49.

BILDNACHWEIS

Abb. 1 Eigenes Foto

Abb. 2 Stadtplanungsamt Bern

Abb. 3 Der Senator für Bau- und Wohnungswesen Berlin (Hg.), Vorbereitende Untersuchungen Wedding, Untersuchungsabschnitt B, Schulstraße, 1973, Cover

Abb. 4 Josef Paul Kleihues, Berlin-Atlas zu Stadtbild und Stadtraum, im Auftrag des Senators für Bau- und Wohnungswesen Berlin, 1973, Cover und S. 35

Abb. 5 Eigenes Foto

Abb. 6 Schriftenreihe des Bundesministeriums für Raumordnung, Bauwesen und Städtebau, Stadtentwicklung, Schriftenreihe 02.022, Modellvorhaben Karlsruhe-Dörfle, Bad Godesberg, 1981, S. 37

Abb. 7 Eigener Plan

Abb. 8 Stadtarchiv Stadt Bern

Abb. 9 Der Senator für Bau- und Wohnungswesen Berlin, Ausschreibungsunterlagen zum Wettbewerbsverfahren „Strategien für Kreuzberg", Projektbeschreibung, Informationen, Zielvorstellungen, Berlin 1977

Abb. 10 Eigenes Foto

Abb. 11 Eigenes Foto

Abb. 12 Eigenes Foto

Abb. 13 Eigenes Foto

Abb. 14 Roman Gerike (Meriag)

Abb. 15 Eigenes Foto

Abb. 16 Stadtarchiv München, Baulinienplan Milbertshofen 1898, LBK-26401

Abb. 17 Wellcome Collection. Attribution 4.0 International (CC BY 4.0)

Abb. 18 SLUB Dresden / Deutsche Fotothek

Abb. 19 bpk / Kunstbibliothek, SMB, Photothek Willy Römer / Willy Römer

Abb. 20 Deutsches Institut für Stadtbaukunst

Abb. 21 Barcelona Metropolitan Area (AMB)

Abb. 22 Uwe Dettmar Fotografie

Abb. 23 Eigenes Foto

Abb. 24 Eigener Plan

Abb. 25 Eigene Darstellung, Grundlage: Modellfoto Stadt Zürich

Abb. 26 Eigene Darstellung, Visualisierung: Lisa Looser, 3drender.ch

BIRGIT ROTH

DER GEMISCHTE STADTTEIL

Die Größe einer Stadt manifestiert sich heute neben der Kernstadt durch eine Vielzahl verschiedener Stadtteile. Die Identifikation mit der eigenen Stadt schließt längst eine stadtteilbezogene Identifikation ein, die in Bezeichnungen wie Kiez in Berlin oder Veedel in Köln besonders deutlich wird. Benannt wird dabei eine „Zugehörigkeit, die zwar anonym bleibt, aber Verantwortlichkeit für das Leben im Quartier mit sich bringt". Sie entsteht, wenn es sich „nicht einfach um einen beliebigen Stadtteil" handelt, sondern um eine „lokale Mikrowelt", in der vieles zu Fuß in der eigenen Straße oder um die Ecke erledigt werden kann, mit Aufenthalt im öffentlichen Raum und Vielfalt des Austauschs und der Anregung.[1] Was Andreas Feldtkeller vor rund 25 Jahren bei der Entwicklung des Französischen Viertels in Tübingen mit dieser Beobachtung reaktiviert und *Stadt der kurzen Wege* genannt hat, folgt einem Prinzip der Stadtentwicklung, das noch bis ins frühe 20. Jahrhundert selbstverständlich war: Das Prinzip funktionaler Mischung und sozialer Vielfalt. Dabei bildet die städtebauliche Gestalt eines Stadtteils den Rahmen für die Atmosphäre und die sozialen Beziehungen in einem Kiez, Veedel oder Quartier. Die wiederentdeckten Merkmale Nutzungsmischung, Kleinteiligkeit und Vielfalt erweisen sich zudem nicht erst seit der Corona-Krise als resiliente Parameter, die Stadtteile robust machen, das heißt wandelbar und anpassungsfähig in Krisen und bei gesellschaftlichen und technischen Veränderungen.

DER STADTTEIL IN DER MODERNEN STADT

Im 19. Jahrhundert entsteht die moderne (Groß-)Stadt. Nahezu alle Fragestellungen und Themenbereiche heutiger Stadtplanung haben ihren Ursprung in der Bewältigung des enormen Stadtwachstums, ausgelöst durch die Industrialisierung und den damit verbundenen außerordentlichen Arbeitskräftebedarf. Es müssen Antworten gefunden werden auf Fragen der Technik, der Gebäudetypologie, der Finanzierung, aber auch der Gesundheit und des sozialen Alltagslebens. Mit dem Konzept räumlicher Nähe von Wohnen, Arbeiten, Bildung, Kultur und Freizeit werden wesentliche Antworten miteinander vereint. Es entstehen Stadtteile, die städtebaulich mit der übrigen Stadt eng vernetzt sind. Die Gebäude formen Straßen- und Platzräume, die als öffentliche Sozialräume der gesamten Stadtgesellschaft dienen. Zugleich trennen die Häuser den öffentlichen vom privaten Raum. Der private Raum umfasst die eigene Wohnung sowie rückwärtige Höfe und Gärten als geschützte Begegnungs- und Erholungsräume der Hausbewohner.

Gesundheitsschädigende Produktion im Nebeneinander mit dem Wohnen führt Ende des 19. Jahrhunderts zur Idee der Funktionstrennung in der Stadt, die spätestens mit der 1933 verabschiedeten Charta von Athen die Stadtentwicklung weltweit prägen wird und Fehlentwicklungen wie die Autogerechte Stadt und die Entstehung monofunktionaler und monosozialer Stadtteile auslöst. Erst mit der Wiederentdeckung des Wohnens in der bestehenden Stadt seit den 1980er Jahren (IBA Berlin) und der Rückbesinnung auf die Qualitäten der traditionellen europäischen Stadt wird wieder nach Lösungen für eine nun zeitgenössisch-urbane Mischung mit nichtstörender und umweltschonender Produktion gesucht. Dabei erweist sich die Analyse von Merkmalen bestehender Stadtstrukturen, insbesondere der heute stark nachgefragten gründerzeitlichen Viertel, als wertvoller Erfahrungshorizont.

PARZELLIERUNG UND EIGENTUM

Die Entwicklung neuer Stadtteile wird in der Mitte des 19. Jahrhunderts über eine strategische Planung mit nur wenigen Rahmenbedingungen gesteuert. Die Durchführung und

Abb. 1 **DORTMUND** Althoffstraße, Reformblock mit gegliedertem Straßenbild in Anlehnung an parzellierte Straßenräume, 1914

Abb. 2 **STUTTGART** West, repräsentatives großstädtisches Stadtbild an der Bismarckstraße, um 1910

Finanzierung wird dem privaten Kapital des Großbürgertums übertragen. So auch bei der umfassenden Stadterweiterung Berlins auf der Grundlage des Hobrecht-Plans von 1862. Mittels Fluchtlinien wird die räumliche Begrenzung übergeordneter Straßen und Plätze festgelegt und damit deren Abmessungen und Gestalt, nicht jedoch die Gliederung und Parzellierung der Baufelder. Eine kurz zuvor neu entstandene Form des Grundeigentums mit Sicherung des Kapitals über das Grundbuch ermöglicht es erstmals, mit der Produktion von Häusern und Stadtquartieren Gewinne zu erzielen.[2] Eine große Dynamik entsteht durch die Gründung von Aktiengesellschaften. In aller Regel werden die von den Terraingesellschaften angekauften und entwickelten großflächigen Areale vor der Bebauung jedoch reparzelliert veräußert, wodurch sich differenzierte Eigentumsverhältnisse herausbilden. Mit Blick auf den immer wieder erhobenen Vorwurf der Spekulation merkt Georg Haberland 1913 in Bezug auf Berlin an, dass unterschieden werden müsse zwischen Terraingewerbe und Terrainspekulation: „Die Terrainspekulation unterscheidet sich von dem Gewerbe dadurch, dass die Eigentümer ihr Gelände, ohne irgendwelche Aufwendungen dafür zu machen, so lange vom Verkauf zurückhalten, bis die fortschreitende Entwicklung der Stadt die Erschließung des Terrains notwendig macht und dadurch den Verkauf zu höherem Preise ermöglicht. Die grundstücksgewerbliche Tätigkeit ist darauf gerichtet, rohes Bauland zu erwerben, es durch Aufstellung von Bebauungsplänen und durch Anlage der Straßen in baureifes Gelände umzuwandeln und dies entweder in Blocks oder in Parzellen denjenigen zur Verfügung zu stellen, welche einer baureifen Parzelle zur Errichtung eines Hauses bedürfen."[3] Die Parzellierung als ein Grundprinzip der europäischen Stadt ist noch bis zum Ersten Weltkrieg der städtebauliche „Normalfall" und wird seither zunehmend durch Großformen ersetzt. Neben der Teilhabe vieler Eigentümer in der Stadt gewährleistet die Parzellierung architektonische Vielfalt und Lebendigkeit im öffentlichen Raum und wendet sich gegen Monotonie. Die auf der Parzellierung basierende Gliederung eines Straßenraums in eine Abfolge unterschiedlich gestalteter Hausfassaden prägt maßgeblich die Atmosphäre und den Charakter. Als Leitbild wird ein differenziertes und gegliedertes Straßenbild auch noch bei vielen aus einer Hand entstandenen Reformblöcken verfolgt (siehe Dortmund Althoffstraße / Band 4). (Abb. 1)

„DURCHEINANDERWOHNEN" UND NUTZUNGSMISCHUNG

Wirtschaftlicher Druck und der große Wohnraumbedarf führen im 19. Jahrhundert deutschlandweit zu dichten Bebauungstypologien, bei denen auch die Tiefe der Grundstücke hoch ausgenutzt wird. Charakteristisch in Gründervierteln sind Geschäfte und Betriebe im Erdgeschoss oder im Hof. Markantestes Beispiel ist das Berliner Mietshaus, ein städtisches Hofhaus, in dem neben gewerblichen Nutzungen eine hohe soziale Vielfalt auf nur einer Parzelle ermöglicht wird durch verschiedenste Wohnlagen (Vorderhaus, Beletage, Hofflügel, Dachgeschoss etc.). Mit einer sozial durchmischten Stadt verbindet James Hobrecht eine positive Wirkung zur Entschärfung von Klassenkonflikten und grenzt sich damit deutlich ab vom Vorbild Londons, das von vielen Reformern bewundert wird. Die für England typische sozialräumlich segregierte Stadt bringe für die „,ärmere Klasse" einen Verlust vieler „Wohlthaten […] die ein Durcheinanderwohnen gewährt. Nicht ‚Abschliessung', sondern ‚Durchdringung' scheint mir aus sittlichen, und darum aus staatlichen Rücksichten das Gebotene zu sein", so sein Argument.[4] In Stuttgart wohnen zeitweise der Gründer und Unternehmer Robert Bosch und der bekannte Marxist und Sozialdemokrat Karl Kautsky im selben Haus.[5] Seit der Reformbewegung im späten 19. Jahrhundert wenden sich neue Wohnungsbauprogramme und Bauherrenmodelle allerdings zunehmend an einzelne soziale Gruppen, beispielsweise Beamtenwohnungsvereine und Arbeiterwohnungsgenossenschaften. Daneben entstehen durch privates Kapital (Wohn-)Stadtteile ausschließlich für das gehobene Bürgertum mit Plätzen und Grünanlagen, die einem Gesamtgestaltungskonzept unterliegen und in einer Hand behalten werden (siehe Berlin Bayerisches Viertel, München Gärtnerplatzviertel oder die Erweiterung des Waldstraßenviertels in Leipzig). Diese nun auch in Deutschland umfassend soziale Entmischung von Stadt setzt sich mit den Entwicklungen der 1920er Jahre fort.

Segregation wird heute soziologisch als eines der Merkmale von gesellschaftlicher Polarisierung und Herausbildung konfliktreicher Teilgesellschaften angesehen. 2007 verabschieden die 27 in Europa für Stadtentwicklung zuständigen Ministerinnen und Minister die Leipzig-Charta zur nachhaltigen europäischen Stadt, die sich klar gegen Einseitigkeit wendet. Wohnen, Arbeiten und Freizeit in den Städten sollen wieder stärker miteinander vermischt werden.[6]

ÜBERSICHT DER BAUSTAFFELN

Be-zeich-nung	Staffel	Bau-weise	Vordergebäude	Rückgebäude	Hofraum	Gruppen-länge höchstens	Pavillonzwischenraum mindest
■	1	ge-schlos-sen	Erdgeschoß u. 4 Stock-werke nach der Münchener Bauordnung	Erdgeschoß u. 3 Stock-werke nach der Münchener Bauordnung	nach der Münchener Bauordnung		
■	2	„	Erdgeschoß u. 3 Stock-werke bis 18 m Höhe	Erdgeschoß u. 3 Stock-werke bis 18 m Höhe	⅓ Hoffläche		
■	3	„	Erdgeschoß u. 3 Stock-werke bis 18 m Höhe	Erdgeschoß u. 1 Stock-werk bis 12 m Höhe	⅓ Hoffläche		
■	4	„	Erdgeschoß u. 2 Stock-werke bis 15 m Höhe	Erdgeschoß u. 1 Stock-werk bis 12 m Höhe	⅓ Hoffläche		
□	5	„	Erdgeschoß u. 1 Stock-werk bis 12 m Höhe	Erdgesch. bis 9 m Höhe ohne selbständige Mietwohnungen	⅓ Hoffläche		
▨	6	offen	Erdgeschoß u. 3 Stock-werke bis 20 m Höhe	Erdgeschoß u. 3 Stock-werke bis 20 m Höhe	⅓ Hoffläche, Lichthöfe nicht gestatt.	45 m	7 m
▨	7	„	Erdgeschoß u. 3 Stock-werke bis 18 m Höhe	Erdgeschoß u. 1 Stock-werk bis 12 m Höhe	⅓ Hoffläche, Lichthöfe nicht gestatt.	45 m	9 m
▨	8	„	Erdgeschoß u. 2 Stock-werke bis 15 m Höhe	Erdgeschoß u. 1 Stock-werk bis 12 m Höhe	⅓ Hoffläche	36 m	10 m
□	9	„	Erdgeschoß u. 1 Stock-werk bis 12 m Höhe	Erdgesch. bis 9 m Höhe ohne selbständ. Mietw.	⅓ Hoffläche	36 m	10 m

▥ Zur Staffel gelten besondere Bestimmungen   ▦ Fabrikviertel

Abb. 3 Übersicht der neun Baustaffeln, davon fünf in geschlossener und vier in offener Bauweise, **MÜNCHEN** 1912

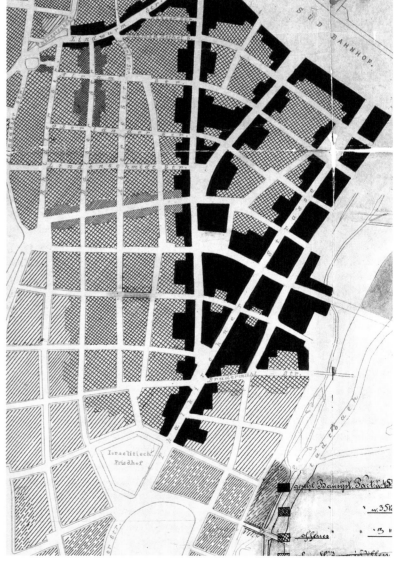

Abb. 4 **MÜNCHEN**, Baulinienplanung von Theodor Fischer im Sendlinger Unterfeld, 1895

Abb. 5 **MÜNCHEN**, Sendlinger Unterfeld, 1897; Weiterentwicklung und Darstellung im Sinne des Staffelbauplans mit grafischer Definition von geschlossenem (schwarz) und offenem (Kreuzschraffur) Bausystem mit hierarchischer Ordnung und gefassten Blockecken

Abb. 6 **BERLIN** Fritschweg / Steglitz II,
Reformwohnanlage mit vereinheitlichender Gestaltung

Abb. 7 **HANNOVER** Südstadt, „Städtische Siedlung" mit
Blockrandbebauung am Friedrich-Ebert-Platz aus den 1920er Jahren

BAU- UND PLANUNGSRECHT – OFFENE UND GESCHLOSSENE BAUWEISE

Werden Mitte des 19. Jahrhunderts zunächst nur Brandschutzerfordernisse reguliert (Wenderadius der Feuerspritze, Höhe der Anleiterung), erweitern sich die planungsrechtlichen Festlegungen zügig um Baulinien, Straßenbreiten, Gebäudeabstände, die Tiefe von Vorgärten, Bebauungshöhen und Mindesthofgrößen. Zugunsten eines vielfältigen Stadtbilds werden zunehmend auch Gestaltungsvorgaben getroffen. So müssen Gebäude beispielsweise in Stuttgart-West zugunsten eines repräsentativen großstädtischen Gesamteindrucks entlang von Hauptstraßen eine Mindestgeschosshöhe von drei Metern und eine Mindestfassadenlänge von zwölf Metern aufweisen.[7] (Abb. 2) In Dresden-Striesen wird bei nüchterner Strukturplanung architektonische Vielfalt sichergestellt mit der Festlegung, dass sich trotz gleicher Typologie kein Haus gestalterisch wiederholen darf. Hygienischen Missständen durch Überbelegung versucht man mit weiteren Anpassungen des Planungsrechts zu begegnen. In Hamburg und in Bremen werden keine tiefen Blöcke mehr zugelassen für Hoftypologien wie beispielsweise „Gänge" oder hintereinandergeschaltete Höfe. Anstatt geschlossener Blockrandbebauungen werden zunehmend Quartiere in offener Bauweise favorisiert. 1904 entwickelt Theodor Fischer mit seiner Staffelbauverordnung in München ein System von neun Baustaffeln für eine zu den Stadträndern hin abnehmende Bebauungsdichte und zunehmende Auflockerung. (Abb. 3) Entsprechend seiner grundlegend pragmatischen Haltung trägt Fischer dabei den schon vorhandenen örtlichen Verhältnissen Rechnung. Grundsätzlich legt er auf die Unterscheidung der Bauweise aber keinen Wert: „Der Gegensatz von offenem und geschlossenem Bausystem ist ein reiner Aktenbegriff […]. Selbstverständlich wird der Bauer im Dorf […] oder auch der Siedler in der Gartenstadt sein Haus für sich allein hinstellen. Aber in der Stadt ist das Natürliche das Zusammenhausen. Alle die sonderbaren Vorschriften für Pavillons und Zwischenräume sind entstanden ohne Rücksicht auf Raum- und Formvorstellungen […]."[8] Anders als die heute gültige Baugesetzgebung steht die Staffelbauverordnung für die Entstehung eines bestimmten Stadtbilds. Sie differenziert nach Hierarchien und ordnet die Kanten eines Blocks zu einer Hauptstraße in eine andere Staffel ein als die Kanten zu Querstraßen. (Abb. 4, 5) Bedeutsam ist, dass die Eckgrundstücke immer der höheren, dichteren

Staffel zugeordnet sind, womit die Ausbildung raumbildender Eckhäuser gesichert wird. In der heutigen Baunutzungsverordnung führen die mathematischen Ausnutzungsziffern bei der Bebauung des meist kleineren Eckgrundstücks dagegen zu niedrigergeschossigen Häusern, zu „schwachen" Ecken, sofern keine ergänzenden Regelungen getroffen werden. Ausschlaggebend für die Raumbildung und die Lesbarkeit von Straßen- und Platzräumen in einem Stadtteil ist jedoch immer die baulich formulierte Ecke, sowohl für die geschlossene als auch für die offene Bauweise (siehe Dresden-Striesen).

AKTEURE UND QUARTIERSGESTALT

Die Ausdifferenzierung von Bauherrenmodellen in Form von Genossenschaften und Vereinen um 1900 ist vor dem Hintergrund von Terrainspekulation, Überbelegung und hygienischen Missständen leicht nachzuvollziehen. Es soll die Wohnsituation weniger privilegierter Bevölkerungsschichten verbessert werden. Die Reformbaumodelle sowohl in geschlossener als auch in offener Bauweise werden in einem Zuge entwickelt und errichtet. Neu sind zusammenhängende Blockinnenhöfe mit Grünflächen und Bäumen, die gemeinschaftlich genutzt werden können. Die Verbannung gewerblicher Nutzungen ist Programm. Verloren wird mit Rückgebäuden im Hof aber nicht nur die Nutzungsmischung, sondern es fallen auch Nebenräume für Fahrräder und Müll sowie Nischen für „Unbestimmtes", das temporär ausprobiert werden kann, weg. Für die nun reinen Wohnblöcke vereinfacht sich zunehmend die Gestaltung. Schon in Berlin-Steglitz II deutet sich eine vereinheitlichende Großform an durch ästhetisch reduzierte, sich wiederholende Gliederungselemente und gleiches Material als Ausdruck des gemeinschaftlichen Selbstverständnisses, aber auch der singulären Bauherrschaft (siehe Berlin Fritschweg / Band 2). (Abb. 6) Während die städtischen Baublöcke weiterhin den Stadtraum formen, fehlen ihnen ohne Nutzungsmischung und soziale Vielfalt wesentliche Merkmale von Stadt. Ihr Charakter ist vielmehr der einer städtischen Siedlung.

Für das umfangreiche Wohnungsbauprogramm in den 1920er Jahren sind es schließlich die Städte selbst, die großflächige Entwicklungen vorantreiben auf der Grundlage neuartiger kooperativer Finanzierungsmodelle, gebildet aus öffentlichem Kapital der Städte

Abb. 8 **FRANKFURT AM MAIN** Römerstadt, Trabantensiedlung am Stadtrand, Luftaufnahme 1933

Abb. 9 **KÖLN** Hohenstaufenring mit detailliert gestaltetem öffentlichem Raum, um 1900

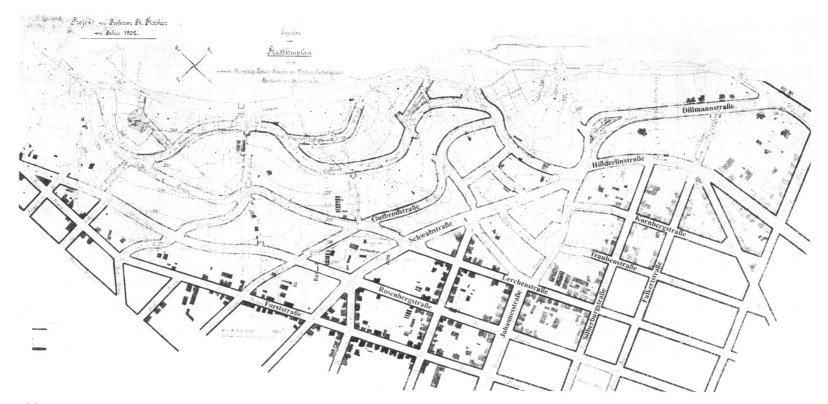

Abb. 10 Mit diesem Baulinienplan für das Gebiet in den Höhenlagen des **STUTTGARTER** Westens nordwestlich der Schwabstraße entwirft Theodor Fischer 1902 ein bewegtes Bild lang gezogener Rauten im Gegensatz zum strengen Raster der Talsohle.

und privatem Kapital von Genossenschaften und Vereinen. Geleitet werden diese Programme durch hohe Baubeamte wie Oberbaudirektor Fritz Schumacher in Hamburg, Stadtoberbaurat Karl Elkart in Hannover oder Siedlungsdezernent Ernst May in Frankfurt am Main. Gerungen wird um ein übergeordnetes Leitbild. Der Richtungsstreit bewegt sich zwischen der Idee eines (bruchlosen) städtischen Weiterbauens unter Aufnahme traditioneller Stadtstrukturen wie Blockrandbebauungen und räumlich gefasster Platz- und Straßenräume (siehe Hannover Südstadt, Hamburg-Dulsberg) (Abb. 7) und dem Entwickeln von Trabantensiedlungen im Umkreis der Stadt, in denen die Ideale der Hygienebewegung umgesetzt werden mit additiver, nach der Sonne ausgerichteter Zeilenbebauung (siehe Frankfurt am Main Römerstadt). (Abb. 8) Gemeinsam ist den in kürzester Zeit bezugsfertigen Siedlungstypen, den städtischen Siedlungen wie auch den Trabantensiedlungen, eine gewollte gestalterische Einheit, die entweder durch Planung aus einer Hand in großen städtischen Planungsteams sichergestellt wird oder durch engmaschige Material- und Gestaltungsvorgaben, die es erlauben, auch eine Vielzahl von Architekten für Einzelprojekte zu beteiligen. Trotz hoher architektonischer Qualität nimmt die Geschlossenheit dieser formal vereinheitlichten Stadtteile die spätere, oft monotone Serialität heutiger Quartiere vorweg.

MOBILITÄT UND STADTRAUM

Die Anlage von Straßen- und Platzräumen dient auch im 19. Jahrhundert der Erschließung der Stadtviertel. Sie folgt jedoch nicht, wie heute üblich, technokratischen Erfordernissen bestimmter Verkehrsarten und Verkehrsmengen, sondern ästhetischen Erwägungen zu harmonischen Proportionen und Gliederungen. Die Breite eines Straßenraums wird in aller Regel mit der Höhe der Bebauung verbunden. Zeitgleich zur Errichtung der Gebäude werden detailliert gestaltete öffentliche Freiräume fertiggestellt mit exakter regelmäßiger Positionierung von Straßenlaternen, mit Baumpflanzungen und Sitzbänken. (Abb. 9) Das Straßennetz der Gründerzeit ist auf kurze Wege angelegt und grundsätzlich vernetzt. Die Distanz bis zur nächsten möglichen Richtungsänderung entspricht der Kantenlänge eines Baublocks. Bis zur Entwicklung öffentlicher Verkehrsmittel wohnen die Arbeitnehmer in fußläufiger Erreichbarkeit der Produktionsstätten. Häufige Umzüge sind die Folge. Erst mit Pferde- und später Straßenbahnen wird es möglich, trotz Arbeitsplatzwechsel die Wohnung zu behalten.

Die Stadtraumqualität der gründerzeitlichen Stadt ist auf den Fußgänger ausgerichtet. Straßen und Plätze werden durch die raumbegrenzenden Straßenfassaden zum erlebbaren Stadtraum. Anders als aus dem Fenster eines Autos erkennt ein Fußgänger den Rhythmus einzelner Häuser und architektonische Details, die es ihm ermöglichen, einen abwechslungsreichen Weg zurückzulegen, der nicht nur dazu dienen muss, schnell ans Ziel zu gelangen. Das Flanieren durch die Stadt und durch Parks, Alleen und grüne Boulevards wird um 1900 zur Freizeitbeschäftigung, derzeit wiederentdeckt in der aktuellen Corona-Krise. Breite Promenaden durch die Stadt wie die Günthersburgallee in Frankfurt am Main, die Kaiserstraße in Mainz oder die Jasperallee in Braunschweig (siehe Frankfurt-Nordend, Mainz-Neustadt und Braunschweig Östliches Ringgebiet) halten

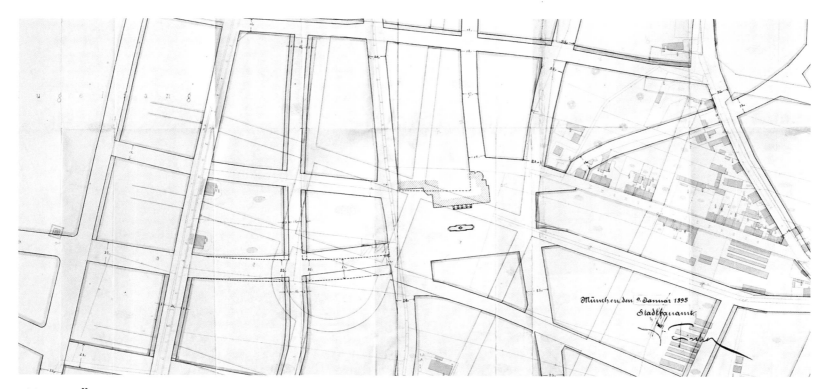

Abb. 11 MÜNCHEN, Baulinienplanung Hohenzollernstraße (Schwabing-West), 1895. Die Hohenzollernstraße in der unteren Planhälfte wird von Westen nach Osten in mehreren gegenläufigen Schwüngen über den Hohenzollernplatz geführt. Dadurch ergeben sich charakteristische Straßenbilder.

mit ihrer Anlage bis heute wichtige Angebote für Freizeit und Begegnung in kompakten Stadtteilen bereit. Zugleich wirken sie positiv auf das Stadtklima. Als Vorbilder für heutige Planungen können solch grüne Straßenräume als Luftschneisen und Kaltluftentstehungsgebiete zur Vermeidung von Hitzeinseln beitragen.

Durch städtebauliche Leitbilder wie die Stadtlandschaft oder die *Autogerechte Stadt* geht nach dem Zweiten Weltkrieg dieser erlebbare Stadtraum verloren, da Fluchtlinien und raumbegrenzende Blockstrukturen aufgegeben werden. Eingänge und Hausfassaden wenden sich von der Lärmbelastung der Verkehrstrasse ab. Obwohl eine einseitige, auf das Auto ausgerichtete Mobilität heute überwunden scheint, werden Straßen noch immer zu oft auf eine funktionale Bemessung von Spurbreiten reduziert. Mehr als zur Aufnahme verschiedener Mobilitätsformen ist der Stadtraum jedoch ein gemeinsamer öffentlicher Aufenthalts- und Begegnungsraum, der eine komponierte und sorgfältige Gestalt erfordert. Auch die wiederentdeckte *Stadt der kurzen Wege* ist eine Stadt des Fußgängers, zugleich ist die soziale und klimatische Bedeutung des öffentlichen Raums für die Stadt nicht hoch genug einzuschätzen.

STADTRAUM UND GESTALT

Das geometrisch-funktionale Raster als wichtigstes planerisches Konzept der Gründerzeit wird schon gegen Ende des 19. Jahrhunderts kritisiert. Es erscheint rigide, erstarrt, langweilig und einfallslos. Eine erste Dynamisierung des Stadtraums versprechen die von Josef Stübben in der Kölner Neustadt angewendeten Diagonalsysteme und Dreiecksblöcke, die er mit Blickbeziehungen auf öffentliche Gebäude an besonderen Plätzen verbindet (siehe Köln-Südstadt). Großen Einfluss nimmt Camillo Sittes 1889 erschienenes Buch „Der Städtebau nach seinen künstlerischen Grundsätzen", in dem das Erleben des Stadtraums in den Mittelpunkt gestellt wird.

An den ansteigenden Hängen von Stuttgart-West wird, in einem deutlichen Gegensatz zu den bereits bestehenden Rasterstrukturen der Talsohle, ein bewegtes Straßennetz lang gezogener Rauten umgesetzt, das die natürliche Schönheit der Landschaft hervorheben soll durch „reizvoll gewundene Straßen mit ihren optischen Verkürzungen, Überschneidungen und Ausblicken"[9]. (Abb. 10)

Was als ein unauflösbarer Widerspruch erscheint – rational versus malerisch, funktional-technische Anforderungen und baukünstlerische Aspekte –, verbindet Theodor Fischer ab 1893 als Leiter des Stadterweiterungsreferats in München in einem Regelwerk für das dynamische Wachstum der Stadt. Ausdrücklich sollen Stadtteile entstehen, die ihren Bewohnern gefallen. Das Wohnen in der Stadt dürfe nicht „als Last empfunden werden", sondern die Menschen sollen sich in der Stadt „wohl und heimisch fühlen".[10] Dabei sucht Fischer „den Zusammenhang des Stadtkörpers nicht im Sinne einer künstlerischen Einheit wie in einer mittelalterlichen Stadt, sondern aus den unterschiedlichen öffentlichen Räumen heraus. Die Anforderungen des Verkehrs, die Bedürfnisse des Wohnens und die natürlichen Gegebenheiten sind wesentliche Grundlage der Planung. Die Linienführung beachtet vorhandene Wegebeziehungen und Grundstücksgrenzen. Theodor Fischer ordnet das Gewebe des öffentlichen Raums in verschiedenen Kategorien, ohne dabei dogmatisch zu sein."[11] Dazu bearbeitet er Hunderte von Baulinienplänen und greift mit einem Schwung oder einer Abknickung für eine Straße korrigierend in vorgelegte Planungen ein. Immer orientiert er sich an „einer raschen Durchführbarkeit und einem angemessenen Kostenrahmen für die öffentliche Hand, aber auch an einem baukünstlerischen Ansatz, der sich den Prinzipien Camillo Sittes verpflichtet sieht"[12]. (Abb. 11, 12, 13) Theodor Fischers entworfene Stadtteile erscheinen heute wie gewachsen. Sein pragmatischer Ansatz, den er selbst „praktische Ästhetik" genannt hat, kann dabei als anwendbares Vorbild für erlebbare Stadträume dienen.

Abb. 12 / 13 **MÜNCHEN**, Hohenzollernstraße mit Blick nach Osten, 2011

ANMERKUNGEN

1 Andreas Feldtkeller (Hg.), Städtebau: Vielfalt und Integration, Stuttgart München 2001, S. 34 (Das Stadtquartier als Modell).

2 Vgl. Moritz Weyermann, Zur Geschichte des Immobiliarkreditwesens in Preußen, Karlsruhe 1910 (zitiert in: Klaus Theo Brenner, Helmut Geisert, Das städtische Reihenhaus. Geschichte und Typologie, Stuttgart 2004, S. 199).

3 Georg Haberland, Der Einfluß des Privatkapitals auf die bauliche Entwicklung Groß-Berlins, Berlin 1913, S. 10.

4 Klaus Strohmeyer, James Hobrecht (1825–1902) und die Modernisierung der Stadt, Berlin 2000, S. 62 (vgl. James Hobrecht, Über die öffentliche Gesundheitspflege und die Bildung eines Central-Amtes für öffentliche Gesundheitspflege im Staate, Stettin 1868, S. 14).

5 Christine Ernst / Clemens Ernst / Eckhard Ernst, Gründerzeit. Der Stuttgarter Westen in historischen Fotografien, Tübingen 2016, S. 13.

6 Die Leipzig-Charta, Charta zur nachhaltigen europäischen Stadt: www.bmu.de/fileadmin/Daten_BMU/Download_PDF/Nationale_ Stadtentwicklung/leipzig_charta_de_bf.pdf, abgerufen am 11.03.2021.

7 Christine Ernst / Clemens Ernst / Eckhard Ernst, Gründerzeit. Der Stuttgarter Westen in historischen Fotografien, Tübingen 2016, S. 11.

8 Ebd., S. 44.

9 Ebd., S. 11.

10 Gerd Albers, Theodor Fischer und die Münchner Stadtentwicklung bis zur Mitte unseres Jahrhunderts, in: Bauen in München 1890–1950. Eine Vortragsreihe in der Bayerischen Akademie der Schönen Künste, München 1980, S. 6–25, hier S. 13.

11 Sophie Wolfrum / Alexandra Block / Markus Lanz / Franz Schiermeier, Theodor Fischer. Atlas Städtebauliche Planungen München, München 2012, S. 18.

12 Ebd., S. 14. Vgl. Markus Jager / Wolfgang Sonne, Stadtbaumeister in Deutschland, Berlin 2015, S. 85ff.

STADTRÄUME
IM VERGLEICH

Die folgenden Vignetten zeigen nebeneinandergestellt die Unterschiedlichkeit von Stadtstrukturen und verdeutlichen dabei vor allem die Qualität des öffentlichen Raums. Anders, als dies in heutigen Quartiersentwicklungen wahrgenommen werden kann, wird der öffentliche Raum durch die Häuser der Stadt gefasst und ist damit im Schwarzplan deutlich erkennbar. Fast ist man gewillt zu sagen, je deutlicher sich die weißen Zwischenräume abzeichnen, desto eindeutiger werden die Zentren der Quartiere im städtischen Raum wahrgenommen. Es bedarf nicht in jedem Fall der mächtigen Kirchtürme wie in Stralsund, Bamberg oder Freiburg, die im Stadtraum schon durch ihre alles überragende Größe einen Mittelpunkt bilden. Für den Entwurf eines Stadtquartiers genügt bereits die Klarheit der Stadtstruktur, die schon im Schwarzplan eine erkennbare Zentrumsbildung verdeutlicht. Und diese Zentrumsbildung, wie überhaupt das Anlegen von öffentlichen Straßen- und Platzräumen, ist für den modernen Städtebau des 21. Jahrhunderts von besonderer Bedeutung für das soziale Miteinander in einer demokratischen Gesellschaft. Der sogenannten Stadtlandschaft fehlt das Vorne wie auch das Hinten im städtischen Raum. Der noch immer gängige Begriff der „Durchwegung" zerstört die Privatheit städtischer Höfe und Gärten und verwässert die Klarheit der allen Gesellschaftsschichten zur Verfügung stehenden öffentlichen Räume. **Für den heutigen Städtebau ist eine Raumstruktur wie die der Stadt Lübeck von großer Bedeutung.** Schon im Schwarzplan lässt sich die Ordnung zweier Hauptstraßen in Verbindung mit den orthogonal dazu ausgerichteten Nebenstraßen erkennen. Gewerbe und Handel finden sich am Rückgrat dieser beiden Straßen, die Seitenstraßen sind heute vor allem dem Wohnen zugeordnet, so dass die funktionale Mischung in diesem Quartier hergestellt ist. Die soziale Vielfalt ist durch die Bautypologien des Dielenhauses mit seinen unterschiedlichen Wohnungsgrößen und die Ganghäuser gewährleistet. Zu Beginn des 21. Jahrhunderts wurde die Stadtstruktur Lübecks aufgegriffen und weiterentwickelt und zeigt somit, dass sie unseren heutigen Wohnbedürfnissen besonders gerecht wird. Das sogenannte Gründungsviertel im Zentrum Lübecks ist auf dem Grundriss der alten Stadt errichtet und bietet seinen Bewohnern ein Leben in einer „Stadt der kurzen Wege". **Auch der Stadtgrundriss von Mannheim ist mit dem öffentlichen Park des Friedrichsplatzes Vorbild für einen zeitgemäßen Städtebau.** Der für die Stadterweiterung notwendige Wasserturm wird als städtische Parkanlage entwickelt und somit zum Zentrum des Quartiers. Prinzipiell sind Bauwerke wie Schulen oder Stadtteilhäuser, aber auch U- und S-Bahn-Stationen in ihrem Entwurf als öffentliche Gebäude prädestiniert, zum Zentrum eines neuen Stadtquartiers zu werden. Als Zielgebäude im Straßenraum (Straßenräume) oder Kopfgebäude im Platzraum (Platzräume) geben sie Orientierung und entwickeln die Identität eines Ortes. **Auch der Stadtraum in der Altstadt von Landshut ist Vorbild für die Zentrumsbildung eines Quartiersentwurfs.** An einem zentralen Straßenraum, der eine gewisse Aufweitung erfährt, werden die Mietshäuser in einer geschlossenen Reihe nebeneinandergestellt und bilden so das Zentrum eines neuen Quartiers. Entsprechend den gesellschaftlichen Bedürfnissen unserer Zeit ausgestattet und im Sinne einer städtischen Raumbildung entworfen, erhalten Wohnstraßen so eine eigene Identität und Schönheit im städtebaulichen Gefüge eines Stadtquartiers.

LÜBECK 12. Jh.   STADTRÄUME, HOFRÄUME, PLATZRÄUME

MANNHEIM 17. Jh.   PLATZRÄUME

LANDSHUT 13. Jh.   STADTRÄUME, STRASSENRÄUME

LEIPZIG 12. Jh.   **PLATZRÄUME**

FREIBURG 12. Jh.   **PLATZRÄUME, STRASSENRÄUME**

AUGSBURG 1. Jh. v. Chr.   **HOFRÄUME, STRASSENRÄUME**

NÜRNBERG 11. Jh.   **HOFRÄUME**

AACHEN 8. Jh.   **PLATZRÄUME**

MÜNSTER 8. Jh.   **STADTRÄUME, STRASSENRÄUME**

STRALSUND 13. Jh.   PLATZRÄUME, STRASSENRÄUME

LINDAU 11. Jh.   PLATZRÄUME, STRASSENRÄUME

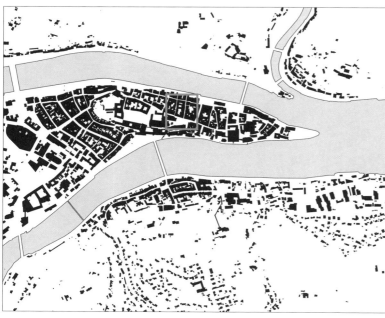

PASSAU 8. Jh.   HOFRÄUME

BAMBERG 11. Jh.   STADTRÄUME

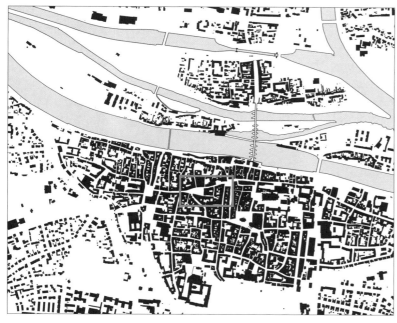

REGENSBURG 2. Jh.   PLATZRÄUME, STRASSENRÄUME

TRIER 1. Jh. v. Chr.   PLATZRÄUME

STADTRÄUME

HEIDELBERG 12. Jh. STADTRÄUME, PLATZRÄUME, STRASSENRÄUME

KÖLN 1. Jh. v. Chr. HOFRÄUME, STRASSENRÄUME

MÜNCHEN 12. Jh. STADTRÄUME, PLATZRÄUME

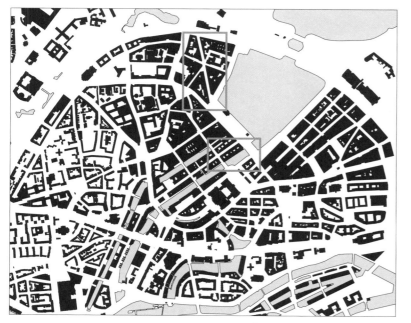

HAMBURG 12. Jh. PLATZRÄUME, STRASSENRÄUME

KARLSRUHE 18. Jh. PLATZRÄUME, STRASSENRÄUME

BERLIN
BAYERISCHES VIERTEL

In der gründerzeitlichen Stadterweiterung Berlins, dem Wilhelminischen Gürtel, nimmt das Bayerische Viertel eine besondere Stellung ein. Zentrum der aus einer Hand entwickelten sternförmigen Anlage ist der namensgebende Bayerische Platz. Charakteristisch ist die Anlage eines Netzes schmaler, parzellierter Blöcke mit einer Tiefe von nur 50 bis 60 Meter. **Unter dem Eindruck erster Reformideen um 1900 wurde bei der Gebäudetypologie auf Häuser mit Querflügeln verzichtet. Das Grundstück des einzelnen Hauses ist breiter und umfasst nur Vorderhaus und Seitenflügel. Damit können vier** gegengleiche Nachbarhäuser eine gemeinsame Hofsituation umschließen, die auf den Parzellengrenzen durch Mauern getrennt ist. Das Beispiel hat einen hohen Erschließungsaufwand. Wie das Berliner Beispiel in der Wühlischstraße (Hofräume) aber zeigt, erlaubt das Zusammenlegen der Grundstücke eine gute Belichtung und Besonnung für Wohnungen und Hofräume. Geknickte Straßenverläufe und Aufweitungen an T-Kreuzungen schaffen erlebbare Stadträume (Straßenräume). Die Architektur der viergeschossigen verputzten Häuser mit Hochparterre, hohen Geschossen, gestalteten Hauseingängen, Zwerchgiebeln, Erkern und Loggien charakterisiert ein repräsentatives Stadtviertel. Markante Eckhäuser an den Blockecken schaffen räumliche Bezüge und Orientierung.

BERLIN
FRIEDRICHSTADT

Die barocke Stadterweiterung der Friedrichstadt grenzt westlich an die ehemalige Stadtbefestigung Berlins an, deren Verlauf im abgeknickten Stadtgrundriss von Friedrichswerder (1) noch zu erkennen ist. Im Zentrum der idealtypisch gerasterten Stadtstruktur liegt der Gendarmenmarkt (2), der durch Freihalten von drei Rasterfeldern formuliert wird. **Herausragend ist die Anlage von drei Torplätzen am Rand der Stadterweiterung** (Platzräume). **Die drei Schmuckplätze an den wichtigen Zufahrtsstraßen in die Stadt stehen mit den geometrischen Grundformen Quadrat (Quarree), Achteck (Oktogon)** und Kreis (Rondell) in einem für das Barock typisch programmatischen Zusammenhang. Torplätze formulieren repräsentative Stadträume am Übergang zwischen Stadt und Landschaft und können auch heute noch als städtebauliches Prinzip Verwendung finden. Massiv kriegszerstört und wichtiger Schauplatz der deutschen Teilung, wurde die Friedrichstadt nach der Wiedervereinigung 1989 auf der Grundlage des ehemaligen Stadtgrundrisses wiederaufgebaut, jedoch mit veränderten Straßenproportionen durch siebengeschossige Gebäude. Pariser Platz (3) und Leipziger Platz (4) sind wiederhergestellt worden. Das Rondell im Süden, der einstige Belle-Alliance-Platz, heute Mehringplatz (5), wurde nach seiner völligen Zerstörung im Zweiten Weltkrieg 1962 in veränderter Form in ein Wohnungsbauprojekt verwandelt.

Luftbild und Schwarzplan M 1: 10.000

Unter den Linden

BERLIN
PRENZLAUER BERG

Prenzlauer Berg steht stellvertretend für alle Berliner Viertel, die ab 1862 auf der Grundlage des Hobrecht-Plans entstanden. Festgelegt wurde mittels Baulinien lediglich die Ordnung der Straßen und Plätze in einem großzügigen Erschließungssystem aus Ring- und radialen Ausfallstraßen. Die Aufteilung der Bauflächen dazwischen oblag den Bauherren. Mit nur wenigen baulichen Vorgaben entwickelte sich auf hochausgenutzten Grundstücken die Typologie des fünfgeschossigen Berliner Mietshauses mit Vorderhaus, Seitenflügel(n) und Hinterhaus in vielfältigster Variation, das einen Hof ganz oder teilweise umschließt (Hofräume). In Addition dieser Hofhäuser werden geschlossen bebaute Blöcke mit Kantenlängen bis zu 250 Meter gebildet. **Das Berliner Mietshaus zeichnet sich aus durch sein Potenzial für soziale Vielfalt und funktionale Mischung mit unterschiedlichen Mieten in verschiedenen Wohnlagen (Beletage, Seitenflügel etc.) und gewerblichen Flächen im Erdgeschoss des Vorderhauses oder am Hof. Das Stadtbild in Prenzlauer Berg wird durch die Typologie dieser Hofhäuser geprägt. Gründerzeitlich durch massenhaften Zuzug in die Stadt überbelegt und dadurch diskreditiert, erweist sich das Berliner Mietshaus heute als eine zukunftsfähige Haustypologie mit klarer Trennung zwischen der öffentlichen Straße vorne und dem privaten Hof hinten als erweiterte Wohnfläche und Begegnungsort für nachbarschaftliches Miteinander.** Die Straßenräume mit breiten Bürgersteigen werden durch Erker, Loggien und Hofdurchfahrten in den Fassaden gegliedert.

Schönhauser Allee

Danziger Straße

Prenzlauer Allee

Greifswalder Allee

BRAUNSCHWEIG ÖSTLICHES RINGGEBIET

Das Östliche Ringgebiet in Braunschweig, als Stadtraum in offener Bauweise entwickelt, grenzt direkt an den Wallring an, der nach dem Rückbau der Stadtbefestigung als parkartiger Gürtel um die Innenstadt angelegt wurde. **In der homogen gerasterten Blockstruktur heben sich mit dem Hagenring und der Jasperallee zwei breite, sich kreuzende Straßenräume ab, die den Bereich strukturieren und teilen. Dabei verbindet die Jasperallee als grüner Boulevard den Theaterpark im Wallring mit dem Prinz-Albrecht-Park im Osten und bildet eine städtebauliche Raumfolge von öffentlichen Grün- und** Erholungsräumen in der Stadt. An Jasperallee und Hagenring konzentrieren sich die zentralen Stadtteilfunktionen wie kulturelle Einrichtungen, Handel und Verwaltung. In den „Vierteln" wird dagegen überwiegend gewohnt. Die rechteckigen Baublöcke mit bis zu 180 Meter Kantenlänge sind parzelliert, eine offene Bebauung aus eng stehenden viergeschossigen Einzelhäusern oder Hausgruppen bildet auf gemeinsamer Fluchtlinie Blockränder, die durch Eckhäuser definiert werden. Straßenbreiten, Geschossigkeit und Vorgartentiefen wurden durch Baustatuten festgelegt. Jedes Haus ist mit Eingang und Fassade zum Straßenraum orientiert und prägt mit individueller Architektur, Erkern, Loggien und Zwerchgiebeln dessen Charakter.

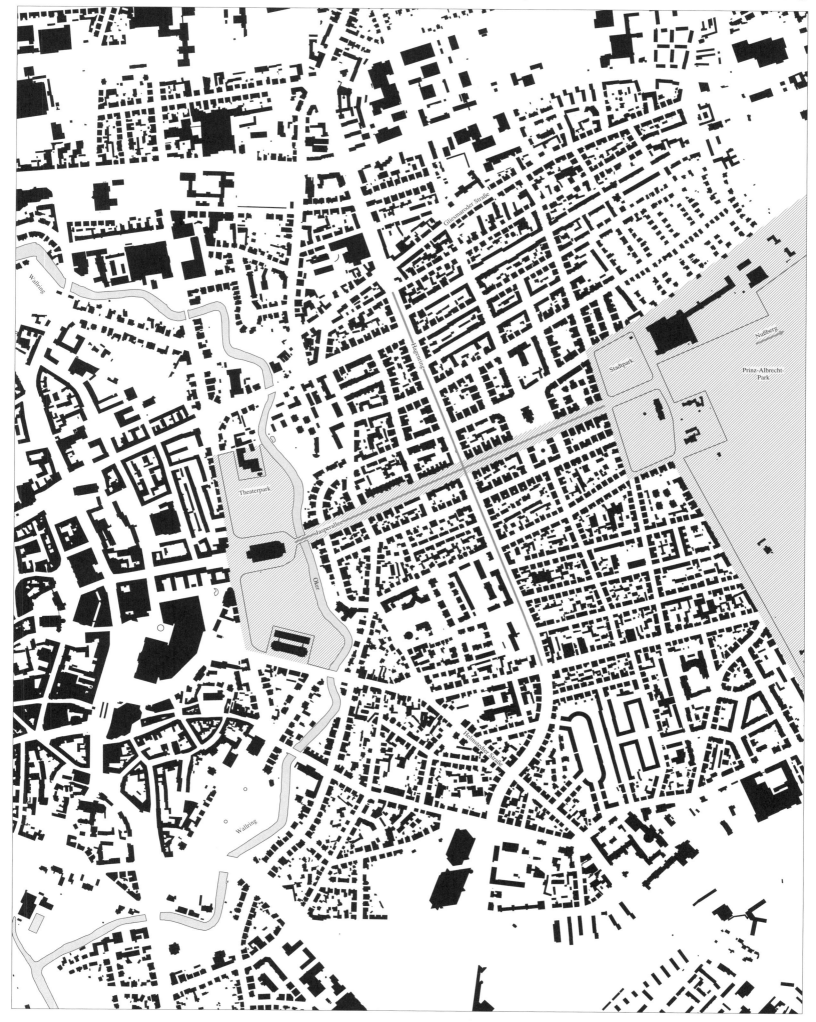

Luftbild und Schwarzplan M 1: 10.000

0 50 100 200 300 400 500

Gliesmaroder Straße

Wallring

Nußberg

Stadtpark

Prinz-Albrecht-Park

Hagenring

Jasperallee

Theaterpark

Oker

Helmstedter Straße

Wallring

BREMEN
NEUSTADT

Die Neustadt steht stellvertretend für viele Stadterweiterungen Bremens in der Gründerzeit. Überraschend und im Gegensatz zum lebendigen stadträumlichen Eindruck steht das serielle, fast monotone Raster der Quartiersstruktur. Die schmalen, langen Blöcke mit einer Breite zwischen 35 und 45 Meter und einer Länge bis zu 190 Meter sind parzelliert und geschlossen bebaut (Hofräume). Obwohl alle Straßenräume nahezu gleich breit sind, ist eine Unterscheidung der Längs- und Querstraßen deutlich abzulesen. Die beiden zentral liegenden Längsstraßen haben einen übergeordneten Charakter. Die Erlenstraße (1) ist als Allee mit

breiten Bürgersteigen ausgebildet. In der Pappelstraße (2) finden sich Läden des Einzelhandels, während die Querstraßen durch traufständige Reihenhäuser mit Vorgärten zu Wohnstraßen werden. Die durch Bauunternehmer großflächig und mit wenigen planerischen Vorgaben entwickelten Gebiete zeigen deutlich die wirtschaftliche Zielsetzung der Flächennutzung. **Die hohe stadträumliche Qualität beruht auf der kleinteiligen Parzellierung und einer lebendig rhythmisierten, ensemblebildenden Reihenhausbebauung mit vielfältigsten Variationen des „Altbremer Hauses", eines zweigeschossigen Gebäudetyps mit drei Fensterachsen. Wie auch in Dresden-Striesen zeigt die Bremer Neustadt, dass auf der Grundlage einer nüchternen, seriellen Planungsgeometrie ein vielfältiges und charaktervolles Stadtbild durch Variation einer Haustypologie, Kleinteiligkeit und eine individuell qualitätvolle Architektur entstehen kann.**

DRESDEN STRIESEN

Striesen ist ein Wohngebiet in offener Bauweise mit teppichartiger Bebauungsstruktur. Gleiche Straßenräume bilden ein Raster für parzellierte Blöcke mit bis zu 170 Meter Kantenlänge. Regelmäßig angeordnete Einzelhäuser formen bei festgelegten Grenzabständen und Vorgartentiefen Blockränder, die mit baulich überhöhten Eckhäusern definiert werden. Allein die übergeordnete Hüblerstraße verläuft diagonal und bildet eine Raumfolge zwischen Barbarossaplatz (1) und Schillerplatz (2). **Trotz homogener Strukturplanung weist das Gebiet eine hohe stadträumliche Qualität auf. Wie in der Bremer** Neustadt können die Variation einer besonderen Haustypologie, individuelle Architektur und klare Straßenräume durch stadtraumdefinierende Blockecken als Vorbild der Planung eines Stadtquartiers dienen. Die charakteristischen dreigeschossigen „Würfelhäuser" zeichnen sich durch Mansarddächer, Putzfassaden und seitliche Hauseingänge aus. Die Wohnräume der jeweils zwei Wohnungen je Etage sind zur Straße ausgerichtet, treten aus der Fluchtlinie hervor und gliedern so die Straßenfassaden. Für eine hohe architektonische Vielfalt wurde in den damaligen Baustatuten festgelegt, dass kein Haus doppelt ausgeführt werden darf. Schulen und Gebäude öffentlicher Einrichtungen (3) liegen eingebunden in die Fluchtlinien der Blockränder. Für den zentralen Hermann-Seidel-Park (4) wurde ein Block im Raster von Bebauung freigehalten (Hofräume).

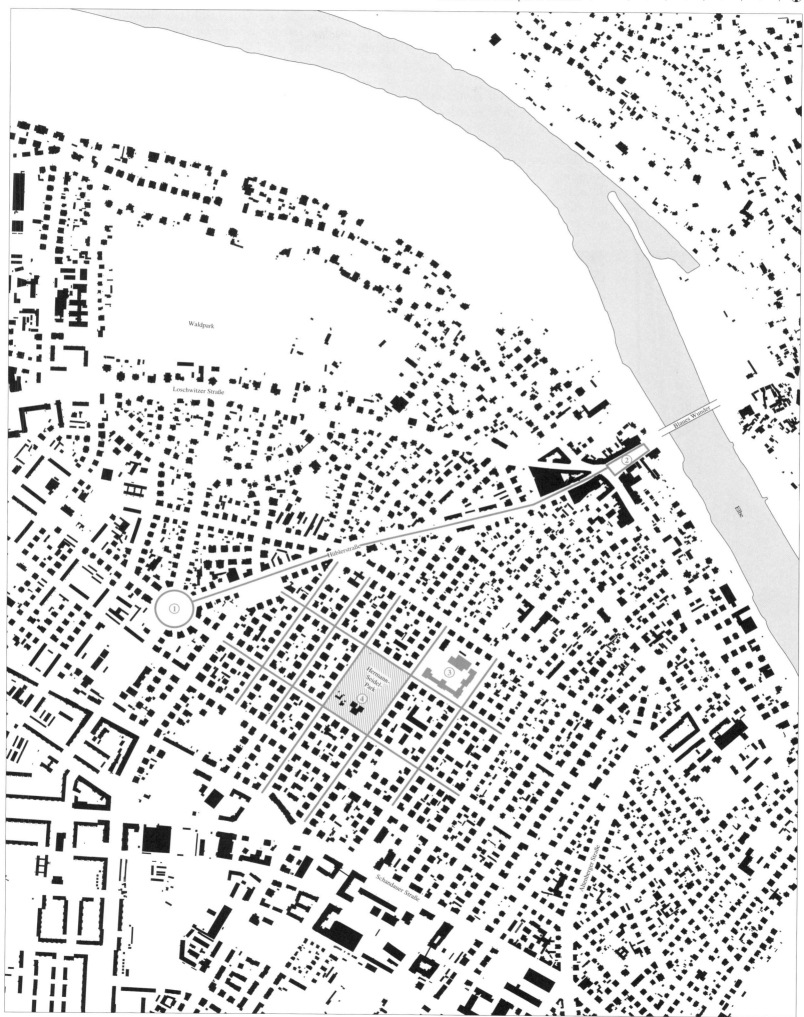

DÜSSELDORF CARLSTADT

Die Carlstadt südlich der Düsseldorfer Altstadt ist eine spätbarocke Stadterweiterung. Das gerasterte Areal gliedert sich in drei Reihen exakt gleich breiter Blöcke, unterbrochen durch Straßen gleicher Breite. Wie auch die Nördliche Innenstadt in Potsdam ist die Carlstadt ein geometrischer Idealentwurf. **Das Feld aus sechs rechteckigen Blöcken wird flankiert von zwei Übergangsbereichen mit je einem Platz, die durch Nichtbebauen in der mittleren Blockreihe geformt werden. Die geschlossen bebauten Blöcke sind parzelliert, die Blockinnenhöfe dicht bebaut.** Traufständige dreigeschossige, breit

lagernde Hofhäuser mit Toreinfahrten bilden Straßenräume, deren Breite der Bebauungshöhe entspricht, wie heute noch in der Hohen Straße und der Bilker Straße zu erkennen ist. Putzfassaden mit regelmäßiger Gliederung und betontem horizontalem Sockel unterstützen den ruhigen und harmonischen Raumeindruck, der auf dem Maßverhältnis 1:1 beruht. Mit etwa 12,50 Meter Straßenbreite und Blockmaßen von etwa 75 × 150 Meter betragen die Proportionsverhältnisse in der Carlstadt 1:2, 1:6 und 1:12 (Straßenräume).

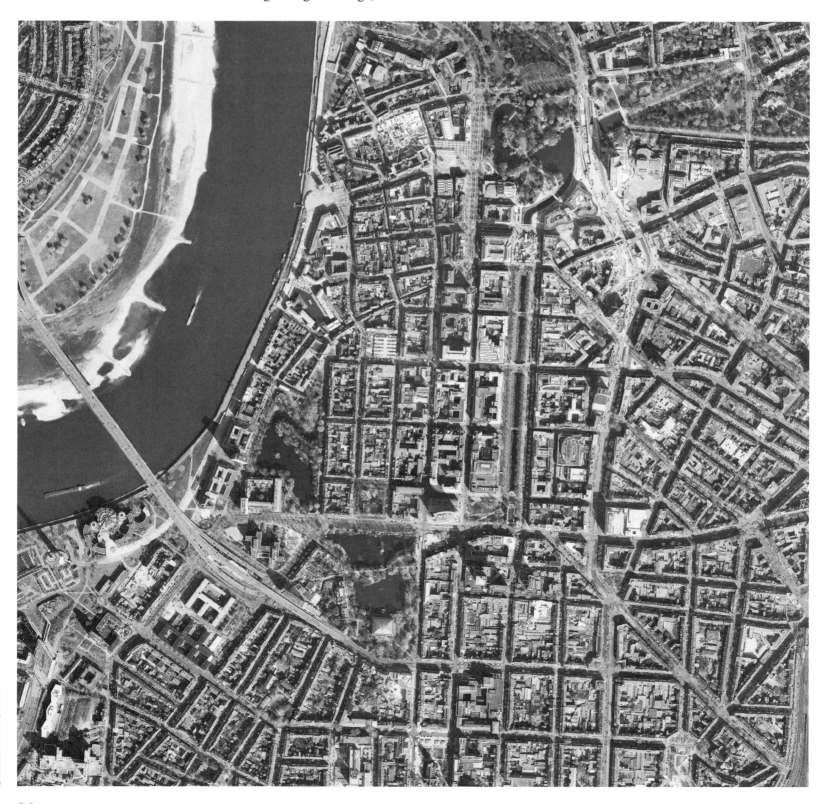

Rhein

ESSEN
MARGARETHENHÖHE

Die Siedlung Margarethenhöhe liegt abgeschlossen auf einer Hügelkuppe im Süden von Essen. Die Anlage, nach Plänen von Georg Metzendorf für die Margarethe-Krupp-Stiftung errichtet, verbindet die Konzeption einer Arbeitersiedlung mit der Idee der Gartenstadt. In Deutschland konnte sich die Idee der englischen Gartenstadt als eine sich selbstversorgende, autarke Siedlungsgemeinschaft nicht durchsetzen. Für Stadterweiterungen, die baulich einer Gartenstadt ähneln, ohne selbstständig zu sein, wurde der Begriff Gartenvorstadt geprägt. **Die in mehreren Bauabschnitten realisierte städtebauliche**

Siedlungsanlage, die mit Einzelhäusern in offener Bauweise entworfen ist, folgt sowohl der Topografie als auch dem ästhetischen Bild einer mittelalterlichen Kleinstadt. Über eine Brücke durch ein Torgebäude erschlossen (1), führt die geschwungene „Steile Straße" hinauf zum Kleinen Markt (2), der durch zentrale Gebäude für ehemals Schule, Kaufhaus und Gasthaus baulich gefasst ist. **Das Beispiel zeigt, wie mit niedrigen, überwiegend zweigeschossigen Einzelhäusern, Reihenhäusern und Hausgruppen komplexe Raumbeziehungen mit sich krümmenden Straßen und geplanten Unregelmäßigkeiten entwickelt werden können.** Obwohl nur durch einen Architekten geplant, wird mit architektonischen Variationen, einem Wechsel von Trauf- und Giebelständigkeit, Laubengängen und Erkern ein verbindendes wie auch vielfältiges und lebendiges Stadtbild erzielt.

Borbecker Mühlenbach

FRANKFURT AM MAIN NORDEND

Das Nordend ist eines der kompaktesten Stadtviertel Frankfurts. Prägend ist ein vom Anlagenring ausgehendes radiales Straßensystem, überlagert durch den Alleenring. Unterschiedlichste Blöcke mit Kantenlängen zwischen 45 und 200 Meter sind teils im Raster, teils durch Diagonalstruktur mit Sichtbezügen auf Plätze oder öffentliche Gebäude angelegt. Kleinteilig parzelliert, weisen die gründerzeitlichen Blöcke eine für Frankfurt typische Mischung aus offener und geschlossener Bauweise auf. **Vier- bis fünfgeschossige Vorderhäuser werden ergänzt durch Hofbebauungen, meist durch die Anordnung** einer zweiten Baureihe mit zwei bis drei Geschossen. Die Hofräume, teils mit nicht störenden gewerblichen Nutzungen, sind geschützte private Räume, die den Hausbewohnern als Begegnungsräume zur Verfügung stehen (Hofräume). Kleine Quartiersplätze mit Marktnutzung, Cafés oder den typischen Frankfurter Trinkhallen bilden nachbarschaftliche Zentren. **Ein Wechsel aus Alleen und Straßen mit Vorgartenzonen ermöglicht Identifikation und bietet eine hohe Aufenthaltsqualität im öffentlichen Raum. Herausragend ist die diagonal verlaufende Günthersburgallee** (Straßenräume)**, die als parkartige Straße mit grüner Mittelzone zwischen Friedberger Platz und Günthersburgpark angelegt ist und beispielhaft zeigt, wie auch heute klimatisch wirksame Luftschneisen in dichte Quartiere integriert werden können.**

Luftbild und Schwarzplan M 1: 10.000   0 50 100   200   300   400   500

Hauptfriedhof

Altkönigring

Günthers-
burgpark

Günthersburgallee

Friedberger
Platz

Anlagenring

Zoo

FRANKFURT AM MAIN RÖMERSTADT

Die Römerstadt ist geprägt durch den besonderen Landschaftsbezug zur Niddaaue. Im Gegensatz zur Idee der englischen Gartenstadt sind die Trabantensiedlungen Ernst Mays nicht autark, sondern bilden einen Ring um die Stadt und knüpfen an bestehende Orte mit entsprechender Infrastruktur an. Deshalb ist die Römerstadt eine reine Wohnsiedlung, lediglich eine Schule (1) und einige Geschäfte (2) liegen an der zentralen Hadrianstraße. Die geschwungene Hadrianstraße kreuzt mittig und fällt zur Flussaue der Nidda ab. **Die Römerstadt zeigt, wie auch mit niedrigen Gebäudezeilen komplexe und** erfahrbare Stadträume geformt werden können. Ausschlaggebend ist dabei die Bildung von Raumkanten im jeweils visuell erfassbaren Bereich. Dazu nutzte Ernst May die Krümmung von Straßen oder versetzte den Straßenverlauf abschnittsweise, um an kleinen Plätzen einen Blick in den Landschaftsraum zu ermöglichen. Höhere und farbig hervorgehobene Kopfbauten markieren den jeweiligen Raumabschluss (Straßenräume). In den Straßen stehen sich typisierte zweigeschossige Reihenhäuser in Zeilenbauweise gegenüber. Konsequent nach der Sonne ausgerichtet, steht die südliche Zeile näher an der Straße, während die nördliche Zeile eine bis zu sechs Meter breite Vorgartenzone aufweist. Ein besonderes Merkmal sind Bastionen, die sich aus der Stützmauer in die Landschaft wölben und durch einen Kranz großer Linden betont werden.

In der Römerstadt

②

Hadrianstraße

①

Niddaaue

Nidda

99

HALLE (SAALE) PAULUSVIERTEL

Das Paulusviertel ist eine gründerzeitliche Stadterweiterung mit überwiegender Wohnnutzung. **Das Beispiel zeigt, wie der städtebauliche Entwurf die Topografie des Ortes nutzt, indem ein öffentliches Bauwerk, die Pauluskirche (1), als Zentralbau in die Mitte eines kleinen alleegesäumten Parks gestellt wird, von dem aus ein achtstrahliger Straßenstern das Quartier gliedert.** Alle Blickbezüge treffen auf die Pauluskirche. Die vom Portal der Kirche ausgehende Willy-Lohmann-Straße wird als breiter Boulevard stadträumlich durch den baulich gefassten August-Bebel-Platz (2) aufgefangen. Die Perspektive zurück

wird durch die ansteigende baumbestandene Straße und eine Treppenanlage zum Kirchenportal monumental gesteigert. Ein zweiter Alleenring um die Kirche teilt das Paulusviertel in einen inneren Bereich mit einer eher offenen villenartigen Bebauung und einen äußeren Bereich mit dichter viergeschossiger Blockrandbebauung. Alle Blöcke sind parzelliert. Die Kantenlängen der Blöcke im äußeren Ring variieren zwischen 60 und 200 Meter, zahlreiche Gebäudeflügel erstrecken sich in die Tiefe der Grundstücke. Die Straßenfassaden sind mit den Materialien Putz, Klinker und Naturstein ähnlich, aber variierend gestaltet. Ein charakteristisches Motiv der Fassadengliederung sind horizontale Gesimse. Kreuzungen werden durch konsequent abgeschrägte Eckhäuser mit Eckerkern besonders hervorgehoben.

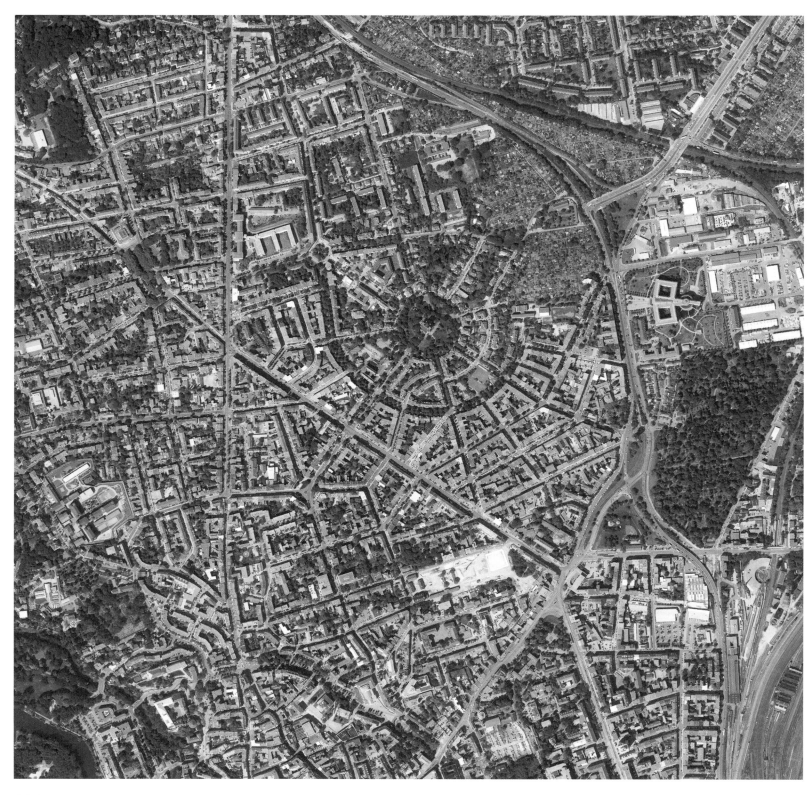

HAMBURG DULSBERG

Dulsberg liegt östlich der Hamburger Innenstadt und ist Teil der Backsteinstadt, eines Gürtels von Stadterweiterungen aus der Zwischenkriegszeit. Mit seinem berühmten „Federplan" für Hamburg folgte Oberbaudirektor Fritz Schumacher einem Wachstumsmodell entlang radialer Achsen als bruchlose Erweiterung der Stadt im Gegensatz zur Planung von Satelliten im Außenraum. Zugleich strebte er ein ringförmiges Zusammenwachsen der Erweiterungen an, was er mit dem „Kranz" der Backsteinstadt umsetzte. In der städtebaulichen Struktur von Dulsberg gliedern die markante Achse der Straßburger Straße (1)

mit Läden und dem mittig angelegten Platz der Frohbotschaftskirche (2) sowie der Grünzug Dulsberg (3) eine kammartige Anordnung schmaler Wohnblöcke von nur 40 bis 45 Meter Tiefe. Die unbebauten grünen Innenhöfe folgen dem Vorbild von Reformblöcken. Sie erlauben nicht die individuelle Vielfalt gründerzeitlich parzellierter Höfe. **Dagegen knüpfte Schumacher an die städtebauliche Tradition gefasster Straßenräume an und interpretierte mit der erlebbaren Raumfolge der Straßburger Straße klassische Prinzipien des Städtebaus.** Die von ihm angestrebte Perspektivwirkung ist mit der im Zweiten Weltkrieg verlorenen Blockkonfiguration (rot dargestellt) noch besser abzulesen. Mit dem prägenden Fassadenmaterial Ziegel wird in allen Quartieren des Hamburger „Backsteingürtels" eine Einheit im Stadtbild verfolgt. Die ursprüngliche Vielfalt in der Detailausbildung der Fassaden ist nur teilweise erhalten (Straßenräume / Hofräume).

HANNOVER SÜDSTADT

Südöstlich der Innenstadt von Hannover liegt die Südstadt. Die Haupt-erschließungsachsen sind die Hildesheimer Straße und die parallele Sallstraße, die auf den dreieckigen Bertha-von-Suttner-Platz zuläuft. Der Stadtteil wurde in zwei Entwicklungsabschnitten netzartig ange-legt. **Während der nördliche Abschnitt bis zur Geibelstraße auf ein gründerzeitliches Wachstum zurückgeht, ist die Stadterweiterung südlich davon ab 1926 in kurzer Zeit unter städtischer Rahmen-planung um die vier Plätze Sallplatz (1), Stephansplatz (2), Geibel-platz (3) und Bertha-von-Suttner-Platz (4) herum entwickelt worden.**

Die viergeschossigen Reformblöcke, die in stadträumlicher Ver-netzung mit der bestehenden Stadt angelegt sind, dienen mit ihren gemeinschaftlichen Innenhöfen, anders als die gründerzeitlichen Blöcke im nördlichen Abschitt, ausschließlich dem Wohnen und nehmen dadurch einen Siedlungscharakter an. **Verstärkt wird dies durch ein planerisch beabsichtigtes einheitliches Stadtbild, das trotz Beteiligung vieler Architekten und verschiedener Bau-trägerschaften durch weitreichende Vorgaben, insbesondere zur kubischen Gliederung und zum Material Backstein, erreicht wurde.** Bemerkenswert ist die differenzierte Stadtraumgestaltung durch Blickbezüge auf überhöhte Häuser an Plätzen sowie durch besondere Eckgebäude, gekrümmte Straßenräume, Arkadendurchgänge und tor-ähnliche Straßeneinmündungen.

Luftbild und Schwarzplan M 1: 10.000

0 50 100   200   300   400   500

Marienstraße

Hildesheimer Straße

Sallstraße

Geibelstraße

Bertha-von-Suttner-Platz

Maschsee

KASSEL
VORDERER WESTEN

Der Vordere Westen ist ein beliebtes Stadtviertel mit Alleen und einem hohen Wohnwert, das direkt an die Kasseler Innenstadt angrenzt. Der Schwerpunkt liegt zwischen der Querallee und der Kasseler Stadthalle (1). **Das Beispiel zeigt, wie ein besonderer Raum- und Landschaftsbezug Ausgangspunkt für eine städtebauliche Konzeption sein kann.** Wie ein monumentaler Theaterprospekt liegt der barocke Bergpark Wilhelmshöhe mit der Statue des Herkules an höchster Stelle im Westen der Stadt. Entsprechend läuft im Vorderen Westen ein Grundgerüst paralleler Straßen perspektivisch auf den

Bergpark zu. Durch Überlagerung mit diagonal kreuzenden Straßen entstehen Dreiecks- und Trapezblöcke. Wie von Josef Stübben für Köln entwickelt, verspricht ein Diagonalsystem im Vergleich zum Rastersystem kürzere Wege und eine dynamischere Raumentwicklung. Die Kreuzungspunkte sind als Schmuckplatz oder mit Blickbezügen auf Hausfassaden gestaltet (Platzräume). Dabei unterliegt die Raumentwicklung immer der Kulisse der Wilhelmshöhe, so auch entlang der Friedrich-Ebert-Straße mit einer bühnenartigen Tiefenstaffelung der Kirchtürme von Friedenskirche (2) und St. Maria (3). Die parzellierten Dreiecks- und Trapezblöcke mit Kantenlängen zwischen 120 und 220 Meter sind als Blockrand mit gefassten Ecken teils offen, teils geschlossen bebaut. Nur wo die gründerzeitliche Bebauung erhalten ist, weisen die vier- bis fünfgeschossigen Häuser auch Seitenflügel in die Tiefe des Grundstücks auf.

Breitscheidstraße

Stadthallengarten

① ③ Friedrich-Ebert-Straße ②

Goethestraße

Goetheanlage

Herkulesstraße

Querallee

zum Bergpark Wilhelmshöhe

Wilhelmshöher Allee

KÖLN SÜDSTADT

Die Südstadt ist Teil der von Josef Stübben und Karl Henrici konzipierten halbmondförmigen Stadterweiterung, die sich um die Kölner Innenstadt auf die Fläche der ehemaligen Stadtbefestigung legt. Sie wird erschlossen durch die Kölner Ringe, eine umlaufende Ringstraße, die als „Kette festlicher Räume von Straßen, Plätzen, Brunnen, Alleen und Denkmälern" angelegt wurde. Im Süden treffen die Ringe mit einer trichterförmigen Aufweitung auf die Hafenanlagen am Rhein. **Eine besondere Charakteristik der Südstadt ist das Netz mehrerer Sternfiguren, ein städtebauliches System aus Dreiecks-** und Trapezblöcken, mit dem Stübben das als zu rigide und langweilig empfundene Rastersystem zu einem Gefüge kurzer Wege und dynamischer Raumbeziehungen weiterentwickelte. **Blickbezüge auf öffentliche Gebäude wie die Severinstorburg (1), die Lutherkirche (2), die Bottmühle (3), die Technische Hochschule Köln (4) oder die Kirche St. Maternus (5) an markant geformten Plätzen tragen zur Orientierung bei.** Die Blöcke mit Kantenlängen zwischen 50 und 200 Metern sind kleinteilig parzelliert. Vier- bis fünfgeschossige, gemischt genutzte Stadthäuser weisen eine vielfältige und dichte bauliche Nutzung in den Blockinnenbereichen auf (Hofräume). Typisch für Köln sind schmale, tiefe Parzellen mit langen einseitigen Hofflügeln. Die Straßenfronten sind mit profilierten Putz- und Klinkerfassaden, Erkern und Zwerchgiebeln vielfältig gestaltet.

0   50   100   200   300   400   500

Karolingerring

Ubierring

Ubierring
Park

Volksgarten

Bonner-Straße

Römerpark

Rhein

LEIPZIG WALDSTRASSENVIERTEL

Das Waldstraßenviertel ist ein homogenes gründerzeitliches Stadtviertel mit einer offenen Hofbebauung. **Die städtebauliche Struktur basiert auf einem geometrischen Raster. Die parzellierten Baublöcke weisen Kantenlängen zwischen 70 und 180 Meter auf, eine viergeschossige Blockrandbebauung trennt klar zwischen dem Straßenraum und den Hofräumen.** Auffallend sind die stadträumliche Komposition und die Vernetzung der rigiden Struktur an ihren Übergängen zu Stadt und Landschaft. Alle aus der Innenstadt auf die Jahnallee treffenden Straßenräume werden im Waldstraßenviertel

fortgeführt. **Der dreieckige Waldplatz (1) bündelt die wichtigsten Tangenten und bildet eine Torsituation in die Waldstraße, die als Allee ausgebildete Hauptachse mit Straßenbahn, Geschäften und Cafés. Die mittig querende Feuerbachstraße trifft im Osten auf den Liviaplatz (2), der selbst Fluchtpunkt mehrerer Straßen ist und mit dem Fregesteg den Übergang in den Park formuliert.** Während die Blöcke sonst geschlossen bebaut sind, wurde am Übergang zu Wasserlauf und Park eine offene Bauweise mit Einzelhäusern gewählt. Das Stadtbild im östlichen Waldstraßenviertel ist geprägt durch architektonisch reich gegliederte Putzfassaden auf der Grundlage verbindlicher Vorschriften zu Maß und Gestaltung der Bebauung. Trotz ähnlicher, teils homogener Architektur werden einprägsame und lebendige Straßenräume gebildet (Straßenräume).

0   50   100   200   300   400   500

Rosental

Feuerbachstraße

Waldstraße

Elstermühlgraben

Fregesteg

Jahnallee

Sportforum

Elsterbecken

LUDWIGSHAFEN EBERTSIEDLUNG

Die Ebertsiedlung liegt nordwestlich der Ludwigshafener Innenstadt zwischen der gründerzeitlich geprägten Nördlichen Innenstadt (1) und Friesenheim (2), einer ehemals eigenständigen Ortschaft. Das zur Entstehungszeit noch nicht entwickelte Umfeld der Ebertsiedlung ist heute sehr heterogen bebaut. Die Ebertsiedlung sticht als Ensemble deutlich hervor. Zwei große Blöcke, gespiegelt über die mittige Ebertstraße, öffnen sich halbkreisförmig zum Eingang des Ebertparks, eines früheren Ausstellungs- und Messegeländes. **Anders als viele Siedlungen der 1920er Jahre schließt sich die Ebertsiedlung nicht als Satellit** nach außen ab, sondern ist mit ihrer zentralen Achse mit Einkaufsmöglichkeiten und Straßenbahn als Auftakt einer Stadtteilentwicklung angelegt. Die Raumfolge der Ebertstraße aus Allee, halbrundem Platz, dem Turmrestaurant im Park (3) und der in den 1950er Jahren hinzugefügten runden Kirche (4) bildet ein markantes Ordnungssystem mit Zielgebäuden an beiden Enden der Allee. Die aus einer Hand entwickelte regelhafte Architektur der Ebertsiedlung entspricht mit liegenden Fensterformaten und ablesbaren Treppenhäusern in den Putzfassaden zur Straße typischen Gestaltungsprinzipien der 1920er Jahre. Fünfgeschossige Turmhäuser an den Ecken und an den Teilungspunkten in der ansonsten dreigeschossigen Fassade machen die innere Struktur der durch Zwischenriegel geteilten Blöcke ablesbar. Die mittleren Höfe können durch überhöhte, mit Pfeilern gegliederte Tore von der Ebertstraße aus betreten werden.

Friedrich-Ebert-Halle

Ebertstraße

Ebertpark

MAINZ NEUSTADT

Die Stadtstruktur der Mainzer Neustadt ist ein homogenes Raster, aus dem sich die Anlage der Kaiserstraße mit einer Breite von 60 Metern als grüne Prachtstraße mit Mittelallee abhebt. **Der Boulevard verläuft zwischen dem zeitgleich entstandenen Mainzer Bahnhof** (1) **und dem Rhein. Blickbezüge auf das Stadthaus im Süden** (2) **und die monumentale Christuskirche im Norden** (3) **geben Orientierung in beide Richtungen.** Mit ihrer Kuppel bildet die evangelische Hauptkirche ein Pendant zum katholischen Dom in der Altstadt und stellt ein wichtiges Element der Stadtansicht dar. Ein gliederndes Straßennetz in Form von Alleen teilt die Neustadt in vier „Viertel". Jedes dieser „Viertel" verfügt über einen eigenen Quartiersplatz. Die strukturelle Gliederung verweist auf die sogenannten Systeme im Hobrechtschen Berlin, räumliche und organisatorische Planungseinheiten mit vergleichbarem Block-, Straßen- und Platzgefüge. Die Baublöcke in den Vierteln mit Kantenlängen von 70 bis 120 Meter sind als Blockrand mit fünf- bis sechsgeschossigen Vorderhäusern überwiegend geschlossen bebaut. Rückwärtige Gebäudeflügel und frei stehende Häuser im Blockinneren weisen bis zu drei Geschosse auf. Gegliederte Putzfassaden mit hervorgehobenen Erdgeschosszonen und rhythmisierenden Erkern bilden lebendige Straßenräume. Die Mainzer Neustadt ist ein äußerst vielfältiger Stadtteil mit einer Mischung aus Wohnen, sozialen und kulturellen Einrichtungen sowie Läden, Büros und Gewerbe.

MÜNCHEN GÄRTNERPLATZVIERTEL

Das Gärtnerplatzviertel grenzt südlich an die Altstadt von München an und liegt zwischen dem Viktualienmarkt (1) und der Isar. **Mittelpunkt ist der namensgebende Gärtnerpatz (2), ein runder Verkehrsplatz, in den sechs Straßen sternförmig einmünden** (Platzräume). Schon von Weitem fällt der Blick auf das Gärtnerplatztheater, das im Südwesten des Platzes eine gesamte Blockspitze einnimmt. Dessen Eingangsfassade tritt als Giebel mit offenem Portikus vor die Fassadenebene der Platzfassung und zeigt damit seine Bedeutung als öffentliches Gebäude im Stadtraum. Das Viertel wurde aus einer Hand entwickelt.

Die auf den Gärtnerplatz zulaufenden dreieckigen und trapezförmigen Blöcke mit sehr unterschiedlichen Kantenlängen von 80 bis 250 Meter sind parzelliert und geschlossen bebaut mit vielfältigen Hofbebauungen unterschiedlichster Nutzung, überwiegend in Form einer zweiten Baureihe oder frei stehender Gebäude. Die viergeschossige Blockrandbebauung mit regelmäßigen Putzfassaden formt die Straßen und den Platz. Durch die Festlegung einer für alle Vorderhäuser verbindlichen Traufhöhe wird eine markante Einheit im Stadtbild erreicht, die das Theater als zentrales öffentliches Gebäude umso mehr hervorhebt. Trotz des vereinfachten Wiederaufbaus nach dem Zweiten Weltkrieg ist dies einer der Schlüsselparameter zur Beibehaltung der starken Raumfigur. Der runde Gärtnerplatz ist als Schmuckplatz mit Kreisverkehr angelegt. Ein Ring von Bäumen trennt breite Bürgersteige mit Geschäften und Cafés von der Straße und trägt zum lebendigen, urbanen Flair des beliebten Platzes bei.

MÜNCHEN MAXVORSTADT

Die Maxvorstadt war die erste Stadterweiterung Münchens außerhalb der befestigten Altstadt. Für ihre Anlage wurde 1808 der allererste städtebauliche Wettbewerb in Deutschland durchgeführt. Eine Vernetzung mit der bestehenden Stadt war bauzeitlich nur an einem einzigen Übergang zur Altstadt möglich, dem Odeonsplatz (1). **Der Entwurf einer geometrisch gerasterten Struktur ähnlich großer Blöcke entwickelt sich daher zwischen zwei herausragenden Straßenräumen, die beide ihren Auftakt am Odeonsplatz haben. Sowohl die Brienner Straße als auch die Ludwigstraße folgen der Straßentypologie einer** inszenierten Raumfolge mit Abschluss an Torplätzen: im Norden mit dem Geschwister-Scholl-Platz (2) vor der Ludwig-Maximilians-Universität am Siegestor, im Westen mit dem Königsplatz (3) und den sich gegenüberstehenden Museumsbauten Glyptothek und Staatliche Antikensammlung an den Propyläen. Blickbezüge auf die öffentlichen Gebäude ermöglichen Orientierung im Stadtraum (Straßenräume). Entlang der Brienner Straße ist noch die zunächst verfolgte Planung als Gartenstadt mit offener Bebauung ablesbar. Der Entwicklungsdruck der wachsenden Großstadt forderte jedoch rasch eine höhere Ausnutzung des Bodens in Form einer überwiegend geschlossenen Bebauung. Die Blöcke mit Kantenlängen von bis zu 180 Meter sind parzelliert und im Blockinneren dicht und vielfältig bebaut. Breit lagernde Häuser mit horizontal gegliederten Putzfassaden, Hofdurchgängen und Geschäften im Erdgeschoss prägen die Straßenräume.

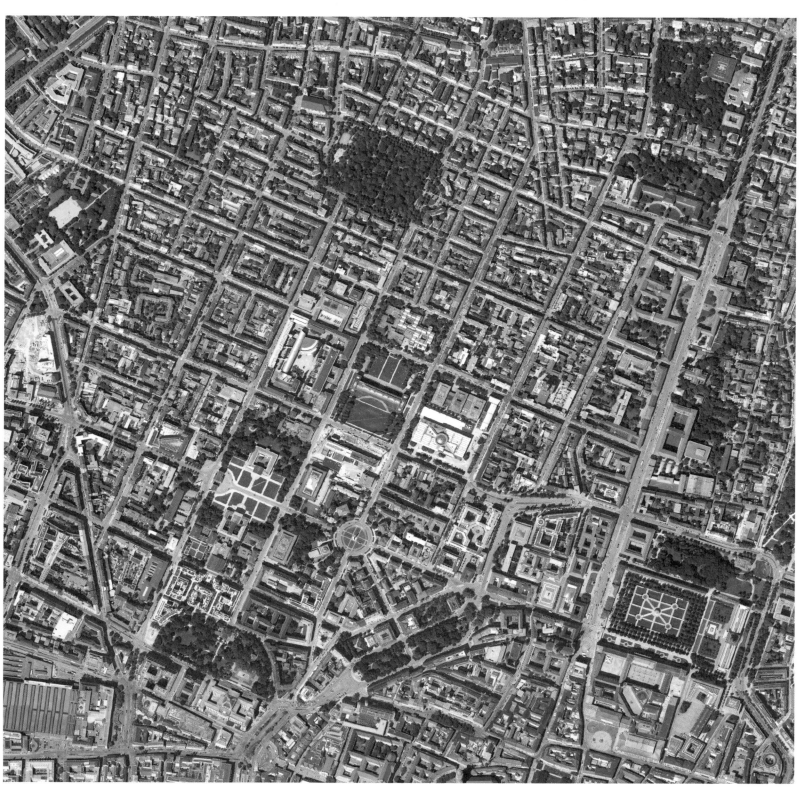

Luftbild und Schwarzplan M 1: 10.000

0 50 100 200 300 400 500

Ludwigstraße

Brienner Straße

Hofgarten

OLDENBURG DOBBENVIERTEL

Das Dobbenviertel ist ein beliebtes Wohnviertel westlich der Oldenburger Altstadt. Die Bebauungsstruktur formt sich aus der Überlagerung prägender Freiräume, Relikte des ehemals sumpfigen Gebiets, mit einem geometrischen Raster langer, schmaler Blöcke in offener Bauweise. **Dabei erweist sich, dass städtische Strukturen und landschaftliche Elemente eine charakteristische Einheit bilden können und sich nicht widersprechen müssen.** Zentrales Ordnungselement ist eine Raumfolge, die vom Oldenburgischen Staatstheater (1) entlang einer zentralen Straße nach Westen führt mit einer Kette mehrerer Plätze, dem Oldenburgischen Landtag (2) sowie dem Kaiserteich und der Dobbenwiese. Von dieser Straße als dem Rückgrat der Raumfolge zweigt ein Raster lang gestreckter parzellierter Blöcke ab. Die nur rund 50 Meter schmalen Blöcke sind eng mit frei stehenden Einzelhäusern bebaut. Bebaute Eckgrundstücke formen Blockkanten, was entscheidend ist für die klare Lesbarkeit der Straßenräume. Wie in der Bremer Neustadt werden durch die Variation einer Haustypologie und individuelle Architektur lebendige Stadträume gebildet. Die prägende Typologie ist die „Oldenburger Hundehütte", ein ursprünglich frei stehendes einfaches Stadthaus mit Satteldach, das sich im Dobbenviertel zu einem repräsentativen zweigeschossigen Haus mit großen Geschosshöhen und Mansarddach sowie asymmetrischen Vorbauten und eingefriedetem Vorgarten entwickelt hat.

0 50 100   200   300   400   500

Haarenufer

Dobbenwiese

Kaiserteich

Wittschieben-
teich

Eversten Holz

Theodor-
Tantzen-
Platz

Cäcilienplatz

Theaterwall

Gartenstraße

Mühlenhunte

Hunte

POTSDAM NÖRDLICHE INNENSTADT

Der für eine barocke Planstadt typische regelhafte Stadtgrundriss umfasst ein Rasterfeld von drei Blockbreiten mit parallelen Straßen. **In barocken Straßenräumen wird die perspektivische Wirkung von Sichtachsen auf Tore, Schlossportale oder Wasserfontänen durch möglichst homogene Architektur gesteigert.** Dazu wurden den Eigentümern privater Einzelhäuser strenge Bebauungsregeln auferlegt zur Traufhöhe und Fassadengliederung sowie zu Materialien und Farben. **In der Nördlichen Innenstadt werden die Straßenräume durch niedrige traufständige Häuser geformt.** Die Gliederung der Putzfassaden ist regelmäßig, jeweils mittige Zwerchgiebel akzentuieren den Hauseingang und rhythmisieren den Stadtraum in regelmäßiger Wiederholung. Eine Sonderrolle nimmt das Holländische Viertel ein. Die vier Blöcke im nordöstlichen Bereich des Quartiers (Hofräume) sind durch einen Wechsel von trauf- und giebelständigen Backsteinhäusern geprägt. An der Mittelstraße (Straßenräume) stehen sich Häuser mit leicht variierenden Schildgiebeln seriell gegenüber und bilden einen homogenen Straßenraum. Spiegelsymmetrische Aufweitungen für Torplätze am Brandenburger Tor (1) und am Nauener Tor (2) thematisieren den Übergang zwischen Stadt und Land. Mit der Errichtung der Kirche St. Peter und Paul (3) im späten 19. Jahrhundert ist das Prinzip der Zielgebäude fortgeführt worden.

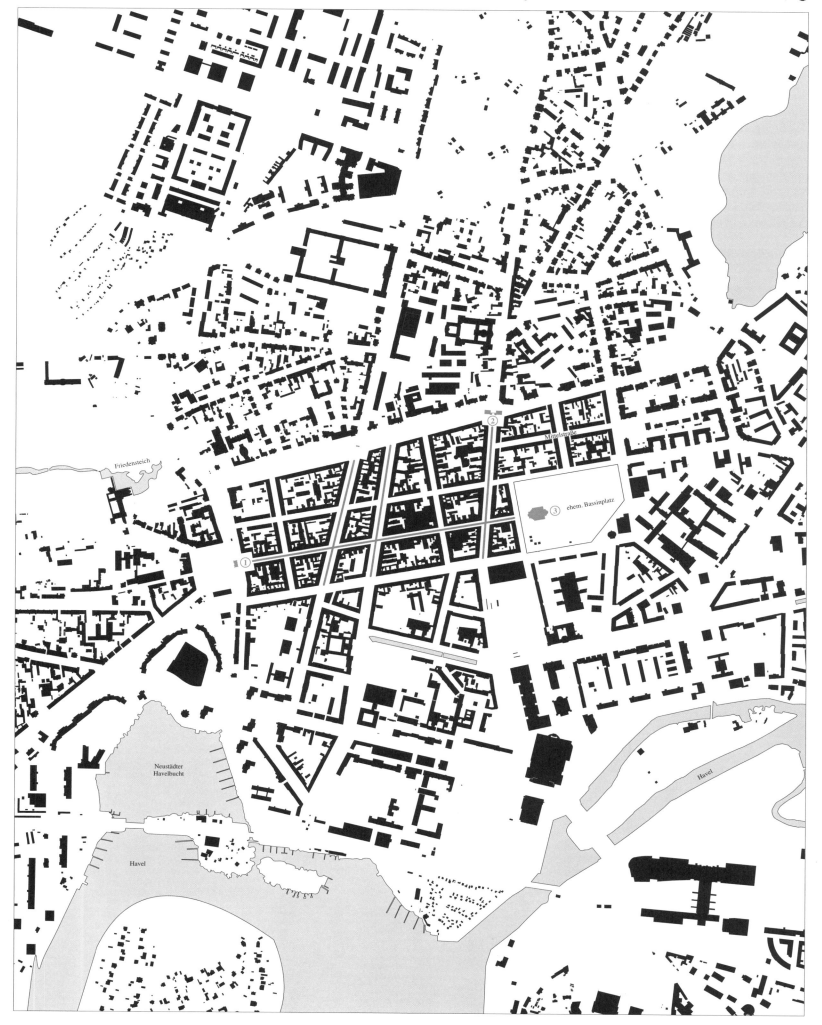

Friedensteich

Mittelstraße

ehem. Bassinplatz

Neustädter
Havelbucht

Havel

Havel

STUTTGART WEST

Stuttgart-West, ein klassisches „Gründerviertel" in besonderer topografischer Lage, liegt mit seinem größten Flächenanteil in der Talsohle des Stuttgarter Kessels und folgt einem geometrischen Raster. An den ansteigenden Hängen wird das Straßennetz bewegter und bildet lang gezogene Rauten aus. Die flächigen, tiefen Blöcke im Bereich des Rasters mit Kantenlängen von bis zu 150 Meter sind parzelliert und offen bebaut. Vier- bis fünfgeschossige Stadthäuser oder Hausgruppen bilden Blockränder. Charakteristisch ist der geringe Abstand von meist nur drei Metern der Häuser zueinander, der auf bauzeitlichen Brandschutzregelungen beruht. Frei stehende Hofbebauungen waren zunächst Firmengründungen vorbehalten, während in den Vorderhäusern gewohnt wurde (Hofräume). **Gestaltprägende Festlegungen wie das Verhältnis von Straßenbreite zur Bebauungshöhe, Hauslängen an Hauptstraßen und großzügige Geschosshöhen verleihen Stuttgart-West bei einer hohen architektonischen Durcharbeitung profilierter Fassaden ein repräsentatives Stadtbild. Blickbezüge auf öffentliche Gebäude bieten Orientierung im Stadtraum. Herausragend ist die Achse auf das Portal der Johanneskirche auf einer Halbinsel im Feuersee (1). Seinen perspektivischen Abschluss nach Norden findet die als breite Allee angelegte Johannesstraße durch die Fassade des Arbeitsgerichts (2). Auch die Kirchen im ansteigenden Gelände mit ihren vorgelagerten Kirchplätzen wie St. Elisabeth (3), Pauluskirche (4) und Paul-Gerhard-Kirche (5) werden schon von Weitem durch die Sicht auf ihre Türme wahrgenommen.**

WEIMAR
WESTVORSTADT

Die Westvorstadt ist eines der beliebtesten Wohnquartiere in offener Bauweise. Sie grenzt direkt an die Innenstadt Weimars. Die Anlage des Quartiers ist am Ideal des orthogonalen Rasters orientiert, einer im 19. Jahrhundert bevorzugten Planungsidee. **Bemerkenswert ist an diesem Beispiel einer offenen Bebauung, dass das Gebiet durch die Verschränkung von zwei orthogonalen Rasterfeldern gebildet wird. Über eine Diagonale gespiegelt, spannen sich die beiden Abschnitte wie zwei gleichwertige Schmetterlingsflügel auf. Dabei wird nicht zwischen Haupt- und Nebenstraßen unterschieden. Die einzigen** stadträumlichen Akzente liegen in der Diagonalen der Bebauung und werden mit dem August-Bebel-Platz (1) und der frei stehenden Herz-Jesu-Kirche am August-Frölich-Platz besetzt. Die Anlage stellt sich als einfaches Beispiel dar, wie es auch heute realisierbar ist. Ihre überwiegend quadratischen Blöcke sind parzelliert und weisen eine durchschnittliche Kantenlänge von 100 Metern auf (Hofräume). Auf gemeinsamer Fluchtlinie formulieren die zwei- bis dreigeschossigen Miethäuser den Blockrand in offener Bauweise. Die Blockecken sind besetzt, dabei aber nur teilweise als Eckhäuser ausgearbeitet.

AUTOREN

Vittorio Magnago Lampugnani studierte Architektur in Rom und Stuttgart, wo er 1977 promovierte. Nach einer Assistententätigkeit am dortigen Institut für Grundlagen der modernen Architektur und Entwerfen war er zwischen 1980 und 1984 Wissenschaftlicher Berater der Internationalen Bauausstellung (IBA) Berlin. 1990 übernahm er die Herausgeberschaft der Zeitschrift Domus sowie die Leitung des Deutschen Architekturmuseums in Frankfurt am Main, das er bis 1995 führte. Er hatte unter anderem eine Professur an der Graduate School of Design der Harvard University inne. Von 1994 bis 2016 war er Professor für Geschichte des Städtebaus an der ETH Zürich. Er führt eigene Architekturbüros in Mailand sowie Zürich und ist Fellow am Wissenschaftskolleg zu Berlin.

Christoph Mäckler studierte Architektur in Darmstadt und in Aachen und führt seit 1981 ein eigenes Büro für Architektur und Städtebau in Frankfurt am Main. Nach Gastprofessuren in Kassel, Neapel, Braunschweig und Hannover hatte er von 1998 bis 2018 den Lehrstuhl Städtebau an der TU Dortmund inne. Er ist Direktor des Deutschen Instituts für Stadtbaukunst, das er gemeinsam mit Wolfgang Sonne 2008 gründete. Er war Vorsitzender des Gestaltungsbeirats Dom-Römer in Frankfurt am Main und ist Mitglied der Gestaltungsbeiräte in Münster und Soest sowie des Kuratoriums der Bundesstiftung Baukultur.

Werner Oechslin studierte Kunstgeschichte, Archäologie, Philosophie und Mathematik in Zürich und Rom. Er lehrte in Boston, Berlin, Bonn und Genf und war von 1985 bis 2010 Professor an der ETH Zürich. Von 1986 bis 2007 war er Direktor des Instituts für Geschichte und Theorie der Architektur. 1998 gründete er die Bibliothek Werner Oechslin in Einsiedeln in der Schweiz, eine Forschungsbibliothek, in der bibliothekarisches Wissen und eine tiefer führende Erforschung der Quellenschriften in engster Verbindung stehen. Die Stiftung Bibliothek Werner Oechslin steht in Kooperation mit der ETH Zürich und ist Mitglied der Schweizerischen Akademie der Geistes- und Sozialwissenschaften / SAGW und der Schweizerischen Akademie der Technischen Wissenschaften.

Alexander Pellnitz studierte Architektur in Berlin und Mailand und promovierte 2011 an der TU Berlin. Von 2000 bis 2003 war er Mitarbeiter und Assistent von Giorgio Grassi im Studio und am Politecnico di Milano und von 2008 bis 2014 Wissenschaftlicher Leiter des Deutschen Instituts für Stadtbaukunst an der TU Dortmund. Seit 2015 ist er Professor für Städtebau und Stadttheorie an der THM Technischen Hochschule Mittelhessen in Gießen und leitet das von ihm 2020 gegründete Institut für Architektur und Städtebau an der THM. Seit 2004 führt er ein eigenes Büro für Architektur und Städtebau in Berlin.

Anne Pfeil absolvierte zunächst ein Biologiestudium an der Rheinischen Friedrich-Wilhelms-Universität in Bonn. Anschließend studierte sie Architektur an der TU Berlin. Nach verschiedenen Tätigkeiten in Planungs- und Architekturbüros war sie Wissenschaftliche Mitarbeiterin an der Universität Hannover und an der TU Dresden und promovierte 2012 im Rahmen der Dresden Leibniz Graduate School (DLGS) an der TU Dresden. Seit 2012 ist sie Stellvertretende Stadtarchitektin in der Stadt Zug (Schweiz).

Jan Pieper studierte Architektur und Architekturgeschichte in Berlin, Aachen und London. Er arbeitete im Büro von Gottfried Böhm in Köln und war nach seiner Promotion von 1974 bis 1976 dessen Wissenschaftlicher Assistent am Lehrstuhl für Stadtbereichsplanung und Werklehre an der RWTH Aachen. Am Institut für Kunstgeschichte der RWTH Aachen wurde er 1978 habilitiert. Nach Professuren für Baugeschichte an der FH Köln und für Architektur- und Stadtgeschichte an der TU Berlin hatte er von 1993 bis 2013 den Lehrstuhl für Baugeschichte und Denkmalpflege an der RWTH Aachen inne.

Birgit Roth studierte Innenarchitektur in Rosenheim und Baukunst in Düsseldorf. Von 1989 bis 2011 plante und leitete sie als angestellte Architektin zahlreiche Kultur-, Verwaltungs- und Wohnungsbauprojekte. Sie war von 2008 bis 2018 Wissenschaftliche Mitarbeiterin am Lehrstuhl Städtebau an der TU Dortmund und erforscht seit 2011 die morphologische und typologische Struktur der Stadt am Deutschen Institut für Stadtbaukunst. 2016 übernahm sie dessen Wissenschaftliche Leitung. Sie hat die Ausstellung „Plätze in Deutschland 1950 und heute" kuratiert und war Mitglied des Städtebaubeirats in Frankfurt am Main.

Mirjam Schmidt studierte Kunstgeschichte in München und Frankfurt am Main. Nach ihrer Tätigkeit im Bereich zeitgenössischer Kunst wechselte sie 2010 zu Meixner Schlüter Wendt Architekten in Frankfurt am Main. Von 2013 bis 2018 war sie Assistentin von Christoph Mäckler. 2018 übernahm sie die Position einer Dezernatsreferentin bei der Stadt Frankfurt am Main und wurde Ende 2018 für Bündnis 90/Die Grünen als Abgeordnete in den Hessischen Landtag gewählt.

Wolfgang Sonne studierte Kunstgeschichte und Klassische Archäologie in München, Paris und Berlin. Von 1994 bis 2003 war er Assistent, Oberassistent und Dozent an der Professur für Geschichte des Städtebaus sowie am Institut für Geschichte und Theorie der Architektur an der ETH Zürich, wo er 2001 promovierte. Nach Lehrtätigkeiten an der Harvard University in Cambridge, Massachusetts, sowie in Wien und Glasgow ist er seit 2007 Professor für Geschichte und Theorie der Architektur an der TU Dortmund. Er ist Stellvertretender Direktor des Deutschen Instituts für Stadtbaukunst, das er gemeinsam mit Christoph Mäckler 2008 gründete, und Wissenschaftlicher Leiter des Baukunstarchivs NRW.

Jürg Sulzer studierte Architektur und Städtebau in Berlin. Er promovierte 1977 an der TU Berlin und war bis 1982 als Stadtplaner beim Berliner Bausenator tätig. Von 1983 bis 2004 war er Stadtplaner der Stadt Bern. An der TU Dresden hatte er von 2004 bis 2015 den Lehrstuhl für Stadtumbau und Stadtentwicklung inne und leitete das Görlitz Kompetenzzentrum Revitalisierender Städtebau sowie von 2009 bis 2016 das Forschungsprojekt des Schweizerischen Nationalfonds NFP 65 Neue Urbane Qualität. Er ist Mitglied der Kommission für Stadtgestaltung in München und Vorsitzender der Gestaltungskommission in Dresden.

Thomas Will studierte Architektur in München, Zürich und an der Cornell University/Ithaka/NY. Er arbeitete als Architekt im Büro O. M. Ungers in Köln und war ab 1979 Assistent an der TU München, wo er 1985 die kommissarische Leitung des Aufbaustudiengangs Denkmalpflege übernahm. Ab 1994 hatte er den Lehrstuhl für Denkmalpflege und Entwerfen an der TU Dresden inne und ist dort seit 2018 Seniorprofessor. Seit 1979 ist er auch als freischaffender Architekt tätig, von 1987 bis 1996 führte er das Architekturbüro Valena & Will in München.

BILDNACHWEIS

BAND 1
STADTRÄUME

Bayerische Vermessungsverwaltung –
www.geodaten.bayern.de,
Creative Commons Namensnennung
3.0 Deutschland Lizenz (CC BY 3.0 DE)
38, 44, 50, 54, 116, 118

Berlin Open Data, Bildflug Berlin,
März 2011
© GeoBasis-DE/SenStadtUm III (2011)
82, 84

Bundesamt für Kartographie und Geodäsie
86, 96, 100, 106

Bundeshauptstadt Berlin,
Senatsverwaltung für Stadtentwicklung
und Umwelt
80

GeoBasis-DE/LGB, dl-de/by-2-0
122

Geobasisinformation und
Vermessung Sachsen
90

Geobasisinformation und Vermessung
Sachsen, über Stadt Leipzig,
Amt für Geoinformation und
Bodenordnung 2011
110

Hansestadt Lübeck, Stadtplanung
46

Landesamt für Geoinformation und
Landentwicklung Baden-Württemberg
42

Landesamt für Geoinformation und
Landesvermessung Niedersachsen
über Stadt Oldenburg, Fachdienst
Stadtinformation und Geodaten
120

Landesamt für innere Verwaltung
Mecklenburg-Vorpommern,
Amt für Geoinformation,
Vermessungs- und Katasterwesen
40

Landesamt GeoInformation Bremen
88

Landeshauptstadt Düsseldorf,
Vermessungs- und Liegenschaftsamt –
Lizenz Nr.: 62/62-221/2014
92

Landeshauptstadt Hannover,
Geoinformation
104

Landeshauptstadt Mainz, Bauamt,
Sachgebiet GIS und Kartographie
114

Landeshauptstadt Stuttgart,
Amt für Stadtplanung
und Stadterneuerung
124

Landeshauptstadt Wiesbaden,
Tiefbau- und Vermessungsamt
114

Stadt Essen, Amt für Geoinformation,
Vermessung und Kataster
94

Stadt Frankfurt am Main,
Stadtvermessungsamt
98

Stadt Köln, Stadtplanungsamt
108

Stadt Ludwigshafen, Darstellung auf
Grundlage der Stadtgrundkarte –
Basiskarte: Liegenschaftskarte der
Vermessungs- und Katasterverwaltung,
Landesamt für Vermessung und
Geobasisinformation
112

Stadt Münster,
Vermessungs- und Katasteramt,
Luftbild 2008
48

Stadt Regensburg, Stadtplanungsamt
52

Stadt Weimar, Stadtentwicklungsamt,
Abteilung Geoinformation und Statistik
126

Transparenzportal Hamburg
102

BAND 2
HOFRÄUME

Appaloosa
via Wikimedia Commons
86

Dietz, Hajo/NÜRNBERGLUFTBILD
34, 40, 42, 44, 46, 48, 52, 54, 60,
62, 68, 70, 72, 74, 76, 78, 84, 86, 88,
90, 92, 94, 96, 98, 100, 102, 104, 106,
108, 110

Landeshauptstadt Kiel
80, 82

Meuser, Philipp
36, 38, 50, 56, 58

Regionalverband Ruhr (RVR),
Bildflugjahr 2019,
Geonetzwerk.metropoleRuhr,
dl-de/by-2-0
64, 66

BAND 3
PLATZRÄUME

Dietz, Hajo/NÜRNBERGLUFTBILD
38, 40, 44, 46, 50, 52, 62, 66, 68, 70,
78, 80, 84, 88, 92, 94, 96, 98, 100, 102,
104, 108, 110, 112, 114, 116, 118, 122,
124, 126, 128, 130, 132, 134, 136, 140

Eicken, Thomas
74, 151

Flemming, Christian
151

Jahr, Ulrich
138

Klugschnacker
via Wikimedia Commons
120

Kügler, Antje
86, 151

Lange, Martin
90, 106, 151

Linde, Sebastian
60, 64, 82, 151

Mäckler, Paula
54

Meuser, Philipp
48, 56, 58, 76

Podehl, Detlef
142, 151

Roth, Birgit
42, 151

Stadt Frankfurt am Main,
Stadtvermessungsamt,
Stand 07.2020
72

BAND 4
STRASSENRÄUME

2000
via Wikimedia Commons
84

Bilddokumentation
Stadt Regensburg
102

Chris
via Wikimedia Commons
56

Creando
via Wikimedia Commons
100

Flemming, Christian
88, 90

Gryffindor
via Wikimedia Commons
42

Kaiser, Marianne
36

Kassandro
via Wikimedia Commons
34

Klugschnacker
via Wikimedia Commons
106

Lange, Martin
70, 72, 74

Linde, Sebastian
38, 40, 80, 108

Mäckler, Christoph
58, 60, 66, 76

Mäckler, Paula
44

Mayer, Peter
92

Milbrod, Paul/
wolkenmond.de
110

Podehl, Detlef
52, 78, 96, 98, 104

Pohl, Thorsten
via Wikimedia Commons
46

Roth, Birgit
30, 62, 64, 94

Schmalfuß, Sandro/
SandroC@de.wikipedia
48

Schmidt, Florian
32

Schubert, Jannic
54, 68

Tegeler, Ludger
86

Werner, Berthold
via Wikimedia Commons
50

ZH2010 (talk|contribs)
via Wikimedia Commons
82

NACHWEIS DER ZEICHNUNGS-QUELLEN

BAND 1 STADTRÄUME

Berlin Open Data
22, 23, 27, 28, 31, 28, 81, 83, 85

Geobasisinformation und Vermessung Sachsen, über Stadt Leipzig, Amt für Geoinformation und Bodenordnung 2011
27, 77, 111

GeoPortal Mecklenburg-Vorpommern
78

Hansestadt Lübeck, Stadtplanung
24, 47, 76

Hansestadt Stralsund, Bauamt, Abteilung Planung und Denkmalpflege
78

Heinz Stoob, Deutscher Städteatlas Lieferung IV, Nr. 1, Tafel 1, Dortmund 1989
77

Hessische Verwaltung für Bodenmanagement und Geoinformation, Geoportal Hessen
22, 23, 27, 29, 31, 97, 107

Landesamt für Geoinformation und Landesvermessung Niedersachsen über Stadt Oldenburg, Fachdienst Stadtinformation und Geodaten
25, 121

Landesamt für innere Verwaltung Mecklenburg-Vorpommern, Amt für Geoinformation, Vermessungs- und Katasterwesen
41, 78

Landesamt für Vermessung und Geoinformation Bayern
24, 30, 39, 45, 51, 55, 76, 77, 78, 79, 117, 119

Landesamt für Vermessung und Geobasisinformation Rheinland-Pfalz über Stadt Ludwigshafen
31, 113

Landesamt GeoInformation Bremen
26, 89

Landeshauptstadt Düsseldorf, Vermessungs- und Liegenschaftsamt – Lizenz Nr.: 62/62-221/2014
29, 93

Landeshauptstadt Hannover, Geoinformation
23, 105

Landeshauptstadt Mainz, Bauamt, Sachgebiet GIS und Kartographie
30, 115

Landeshauptstadt Stuttgart, Amt für Stadtplanung und Stadterneuerung
30, 125

Stadt Aachen, Fachbereich Geoinformation und Bodenordnung
77

Stadt Bielefeld, Amt für Geoinformation und Kataster
22

Stadt Braunschweig, Fachbereich Stadtplanung und Umweltschutz, Abteilung Geoinformation
25, 29, 87

Stadt Dresden, Stadtplanungsamt
25, 91

Stadt Eisenhüttenstadt, FB6 Bauen und Liegenschaftsverwaltung
22

Stadt Essen, Amt für Geoinformation, Vermessung und Kataster
26, 95

Stadt Frankfurt am Main, Stadtvermessungsamt, Stand 07/2012
26, 99

Stadt Freiburg im Breisgau, Vermessungsamt
77

Stadt Halle (Saale), Fachbereich Planen, Abteilung Stadtvermessung
29, 101

Stadt Heidelberg, Vermessungsamt
43, 79

Stadt Karlsruhe, Liegenschaftsamt
79

Stadt Köln, Stadtplanungsamt
31, 79, 109

Stadt Leipzig
77

BAND 2
HOFRÄUME

Stadt Mannheim, Fachbereich
Geoinformation und Vermessung,
Ausgabe 2010
76

Stadt Münster,
Vermessungs- und Katasteramt
24, 49, 77

Stadt Potsdam,
Fachbereich Kataster und Vermessung
26, 123

Stadt Regensburg,
Stadtplanungsamt
24, 53, 78

Stadt Trier, Amt für Bodenmanagement
und Geoinformation, AB 1461.09/2014
28, 78

Stadt Weimar, Stadtentwicklungsamt,
Abteilung Geoinformation und Statistik
25, 127

Transparenzportal Hamburg
23, 79, 103

Berlin Open Data
24, 28, 29, 30, 31, 33, 37, 39, 41, 43,
45, 47, 49, 51, 53, 55, 57, 59, 61, 63

GEOPORTAL Baden-Württemberg
32, 107

Geoportal Thüringen, Thüringer
Landesamt für Bodenmanagement
und Geoinformation
109

Hansestadt Bremen,
3D-Gebäudemodell (LoD2)
69

Hansestadt Lübeck, Stadtplanung und
Bauordnung sowie Stadtbildaufnahme
Lübeck 1978 und Stadtbildaufnahme
Lübeck Innenhöfe und Gänge 1981
29, 89

Hessische Verwaltung für Bodenmanagement und Geoinformation,
Geoportal Hessen
30, 75

Landesamt für Vermessung und
Geoinformation Bayern
28, 29, 31, 32, 35, 91, 93, 95, 97, 99

Landesamt Geoinformation Bremen
33, 69

Landeshauptstadt Dresden,
Stadtplanungsamt
29, 71, 73

Landeshauptstadt Leipzig, Amt für Geoinformation und Bodenordnung sowie
Amt für Bauordnung und Denkmalpflege,
Abteilung Denkmalpflege
87

Landeshauptstadt München,
Kommunalreferat, GeodatenService
93

Landeshauptstadt Potsdam,
Fachbereich Kataster und Vermessung
33, 101

Landeshauptstadt Stuttgart, Amt für
Stadtplanung und Stadterneuerung
28, 32, 105, 107

Nöfer Architekten, Berlin
33, 37

Open Street Map
28, 32, 81, 83

Stadt Bochum, Amt für Geoinformation,
Liegenschaften und Kataster
28, 32, 65, 67

Stadt Köln, Stadtplanungsamt
und 3D-Stadtmodell
85

Stadt Nürnberg,
Stadtplanungsamt
97

Stadt Passau, Abteilung
Geoinformation und Vermessung
29, 99

Stadt Regensburg,
Stadtplanungsamt
29, 103

Stadt Weimar, Stadtentwicklungsamt,
Abteilung Geoinformation und Statistik
28, 109

Stadt Wiesbaden, Dezernat für
Stadtentwicklung und Verkehr
31, 211

Transparenzportal Hamburg
31, 32, 77, 79

Architekturbüro Weise,
Görlitz
85, 87, 152

Berlin Open Data
21, 22, 24, 32, 33, 34, 36, 37, 47, 49,
51, 53, 55, 57, 59, 61, 63, 65, 152, 153

Berlin Partner für Wirtschaft
und Technologie GmbH
22, 33, 49

Domkapitel Aachen,
Dombauhütte
31, 34, 39

GeoInformation Bremen
25, 29, 69

GEOPORTAL Baden-Württemberg
27, 34, 133

GeoPortal Mecklenburg-Vorpommern
20, 24, 26, 29, 32, 35, 120, 127, 150

Günter Baum Architekten,
Aachen
31, 34, 39

Hansestadt Lübeck, Stadtplanung und
Bauordnung sowie Stadtbildatlas Lübeck
18, 29, 105, 107

Hansestadt Stralsund, Bauamt
20, 26, 29, 35, 127, 150

Hansestadt Wismar,
Kataster- und Vermessungsamt
sowie Stadtbildaufnahme Wismar 1993
und Straßenatlas Wismar 1998
20, 33, 139

Heinz Stoob, Deutscher Städteatlas
Lieferung IV, Nr. 1, Tafel 1,
Dortmund 1989
31, 34, 39

Hessische Verwaltung für Bodenmanagement und Geoinformation,
Geoportal Hessen
24, 28, 30, 32, 34, 35, 41, 43, 77, 97

Kollhoff Architekten,
Berlin
34, 65, 153

Landesamt für Geoinformation
und Landesvermessung Niedersachsen
(LGLN), Regionaldirektion
Braunschweig – Wolfsburg
28

Landesamt für Geoinformation und
Landesvermessung Niedersachsen
(LGLN), Regionaldirektion Lüneburg,
Geodatenmanagement
23, 109

Landesamt für Vermessung und
Geoinformation Bayern
19, 24, 27, 30, 31, 32, 34, 35, 36, 45,
58, 103, 115, 117, 119, 150, 152, 153

Landeshauptstadt Dresden,
Stadtplanungsamt
25, 31, 71

Landeshauptstadt Hannover,
Geoinformation
22, 29, 35, 93

Landeshauptstadt Leipzig,
Stadtarchiv
20, 31, 35, 101

LRO Lederer Ragnarsdóttir Oei,
Stuttgart
28, 35, 77

Mäckler Architekten,
Frankfurt am Main
18, 20, 21, 31, 35, 72, 75, 101, 153

Stadt Braunschweig, Fachbereich
Stadtplanung und Umweltschutz,
Abteilung Geoinformation
23, 33, 34, 67

Stadt Frankfurt am Main,
Stadtvermessungsamt,
Geoinfo Frankfurt
28, 35, 77

Stadt Freiburg i. Br.,
Vermessungsamt und Hochbauamt
18, 30, 79

Stadt Freudenstadt,
Bauamt
81, 83, 152

Stadt Görlitz,
Stadtplanung und Bauordnungsamt
30, 35, 85, 87, 152

Stadt Heidelberg,
Vermessungsamt
30, 95

Stadt Karlsruhe,
Liegenschaftsamt
31, 152

Stadt Kempten,
Geoinformations- und Vermessungsservice
18, 30, 34, 99

Stadt Leipzig, Amt für
Geoinformation und Bodenordnung
20, 31, 35, 101

Stadt Ludwigsburg, Fachbereich
Stadtplanung und Vermessung
19, 31, 36, 111, 152

Stadt Mannheim, Fachbereich
Geoinformation und Vermessung
33, 37, 113, 153

Stadt Münster,
Vermessungs- und Katasteramt
152

Stadt Regensburg,
Stadtplanungsamt
28, 123

Stadt Rosenheim,
Stadtplanungsamt
27, 152

Stadt Rosenheim,
Vermessungsamt
27, 152

Stadt Schwäbisch Gmünd,
Stadtplanungsamt, Vermessungsamt
34, 125

Stadt Trier, Amt für Bodenmanagement
und Geoinformation sowie Stadtarchiv
28, 34, 129

Stadt Tübingen,
Geoinformation und EDV
28, 35, 131

Stadt Warendorf, Ressort
Umwelt- und Geoinformation
28, 34, 135

Stadt Weimar, Stadtentwicklungsamt,
Abteilung Geoinformation und Statistik
20, 29, 137

Stadt Wuppertal,
Gebäudemanagement und Ressort
Vermessung, Katasteramt und Geodaten
21, 29, 35, 141, 143, 153

Transparenzportal Hamburg
89, 91, 153

BAND 4
STRASSENRÄUME

ABG Frankfurt Holding,
Frankfurt
27, 65

Berlin Open Data
19, 23, 25, 29, 37, 39, 41, 43, 45

Bezirksheimatpflege Schwaben
31

Dokumentation des Fassadenwettbewerbs
Frankfurt, Braubachstraße von 1904
24, 26, 61

GeoPortal Mecklenburg-Vorpommern
25, 107

GEOportal NRW
28, 83

gmp Architekten
von Gerkan, Marg und Partner,
Hamburg
39, 41

Hansestadt Stralsund, Bauamt,
Planung und Denkmalpflege
17, 25, 107

Hansestadt Wismar,
Kataster- und Vermessungsamt sowie
Stadtbildaufnahme Wismar 1993 und
Straßenatlas Wismar 1998
21, 26, 111

heinelreichold architekten,
Partnerschaftsgesellschaft mbB,
Lichtenstein
49

Hessische Verwaltung für Bodenmanagement und Geoinformation,
Geoportal Hessen
15, 24, 33, 26, 61

Landesamt für Vermessung und
Geoinformation Bayern
16, 18, 23, 25, 26, 27, 28, 31, 35,
51, 85, 89, 91, 93, 95

Landesamt GeoInformation Bremen
20, 25, 26, 47

Landeshauptstadt Dresden,
Stadtplanungsamt
22, 27, 55

Landeshauptstadt Düsseldorf,
Vermessungs- und Liegenschaftsamt
13, 29, 57

Landeshauptstadt München,
Kommunalreferat, GeodatenService
26, 28, 93, 95

Landeshauptstadt Potsdam,
Fachbereich Kataster und Vermessung
20, 25, 101

Landeshauptstadt Wiesbaden, Dezernat
für Stadtentwicklung und Verkehr
13, 28, 109

Stadt Bad Tölz,
Stadtbauamt
26, 35

Stadt Chemnitz,
Städtisches Vermessungsamt
28, 49

Stadt Dinkelsbühl,
Stadtbauamt
51

Stadt Dortmund,
Vermessungs- und Katasteramt
22, 27, 53

Stadt Frankfurt am Main,
Stadtvermessungsamt,
GeoInfo Frankfurt
12, 15, 24, 26, 27, 59, 61, 63, 65

Stadt Freiburg i. Br.,
Vermessungsamt
14, 25, 67

Stadt Halle (Saale), Fachbereich Planen,
Abteilung Stadtvermessung sowie
GB Stadtentwicklung und Umwelt
16, 25, 69

Stadt Heidelberg,
Vermessungsamt
20, 25, 77, 79

Stadt Karlsruhe,
Liegenschaftsamt
15, 26, 81

Stadt Köln,
Stadtplanungsamt
28, 83

Stadt Leipzig, Stadtplanungsamt und Amt
für Geoinformation und Bodenordnung
21, 26, 87

Stadt Münster,
Vermessungs- und Katasteramt
19, 26, 97, 99

Stadt Regensburg,
Stadtplanungsamt
14, 25, 103

Stadt Speyer,
Tiefbauamt
27, 105

Transparenzportal Hamburg
12, 18, 25, 28, 71, 73, 75

Grundlage der vorliegenden Arbeit ist das Forschungsprojekt „Handbuch der Stadtbaukunst", das im Rahmen der Nationalen Stadtentwicklungspolitik aus dem Bundeshaushalt gefördert wurde.

NATIONALE
STADT
ENTWICKLUNGS
POLITIK

Die Zeichnungen entstanden auf Grundlage von zur Verfügung gestellten Dateien der Städte:

AACHEN ALSFELD ANSBACH AUGSBURG BAD AROLSEN BAD TÖLZ BAMBERG BERLIN BIELEFELD BOCHUM BRAUNSCHWEIG BREMEN CELLE CHEMNITZ DINKELSBÜHL DORTMUND DRESDEN DÜSSELDORF EISENHÜTTENSTADT ESSEN FRANKFURT AM MAIN FREIBURG FREUDENSTADT GÖRLITZ GREIFSWALD HALLE HAMBURG HANNOVER HEIDELBERG KARLSRUHE KASSEL KEMPTEN KIEL KÖLN LANDSHUT LEIPZIG LINDAU LÜBECK LUDWIGSBURG LUDWIGSHAFEN LÜNEBURG MAINZ MANNHEIM MÜNCHEN MÜNSTER NÖRDLINGEN NÜRNBERG OLDENBURG PASSAU POTSDAM PUTBUS REGENSBURG ROSENHEIM SCHWÄBISCH GMÜND SPEYER STRALSUND STUTTGART TRIER TÜBINGEN WANGEN IM ALLGÄU WARENDORF WEIMAR WIESBADEN WISMAR WUPPERTAL

MIT BEITRÄGEN VON
VITTORIO MAGNAGO LAMPUGNANI
WERNER OECHSLIN
JAN PIEPER
WOLFGANG SONNE
SOWIE
ALEXANDER PELLNITZ
BIRGIT ROTH
MIRJAM SCHMIDT
JÜRG SULZER UND **ANNE PFEIL**
THOMAS WILL

DIE EINZELTEXTE **STADTRÄUME IM VERGLEICH** SIND
IN ZUSAMMENARBEIT MIT BIRGIT ROTH ENTSTANDEN.

HERAUSGEBER CHRISTOPH MÄCKLER
DEUTSCHES INSTITUT FÜR STADTBAUKUNST

REDAKTION JYTTE ZWILLING
ZEICHNUNGEN MARIANNE KAISER UND JYTTE ZWILLING
LEKTORAT GINA VON DEN DRIESCH
KORREKTORAT UTA KEIL
SCHRÄGLUFTFOTOS NÜRNBERGLUFTBILD, HAJO DIETZ
GRAFIK-DESIGN ANTONIA HENSCHEL, SIGN KOMMUNIKATION
DRUCK GRASPO CZ, A.S.

ISBN 978-3-98612-055-9 (BAND 1)
ISBN 978-3-98612-054-2 (BAND 1–4 IM SET)

DEUTSCHES
INSTITUT FÜR
STADT
BAU
KUNST

tu technische universität
dortmund